学校では教えてくれない戦国史の授業

井沢元彦

PHP文庫

JN150328

○本表紙図柄＝ロゼッタ・ストーン（大英博物館蔵）
○本表紙デザイン＋紋章＝上田晃郷

「知ってるつもりの歴史」——まえがきに代えて

戦国時代というと幕末と並んで日本の歴史の中で最も人気のある時代の一つである。その証拠にNHKの大河ドラマでも何度も扱われている。

だから日本の歴史の、たとえば平安時代、鎌倉時代には詳しくなくても、戦国時代には詳しいと自負している人も最近は大勢いる。一方で歴史離れが言われながら、織田信長の名を知らないものはいないといったような状況である。

しかし私に言わせれば大変残念ながら、信長の名前を知っていても、その真の業績や歴史上果たした役割については意外に知らない人が多い。それも理由があることで、まさに「学校で教えられている歴史」がその本当の役割に気がついていないからなのである。

このシリーズの愛読者なら私の言うことを直《ただ》ちに納得して下さるに違いないが、シリーズに接するのはこれが初めてという読者にはなかなか納得していただけないかもしれない。そういう読者の方々には「だまされたと思ってまず読んでください」と言うのが一番適切なのかもしれないが、中にはそんな悠長なことはしていられない、早く証拠を見せろという人がいるかもしれない。

そこで、このシリーズの愛読者なら周知のことだが、初めての読者には「耳を疑う」ことを敢《あ》えて繰り返しておこう。道路の舗装率のことである。そう言えば愛読者には「あ、あれか」と直ちに納得してもらえるだろうが、初めての人は何のことかと思うだろう。

多くの人が日本は先進国だと思っている。もちろんそうなのだが、こと道路の舗装率に関しては、たとえば中国などと比べてもかなり見劣りがするということをご存じだろうか？

特に明治時代あたりだと日本の道路舗装率は中国に比べればはるかに低かった。それは歴史上の事実である。なぜそうなのかといえば、日本以外の国、たとえば中国あるいはエジプト、ヨーロッパ各国は近代以前、古代から馬車というものを使っていた。馬車を使う場合、道路を舗装することが円滑に運行するために必要なことであって、日本以外の国では道路という道路を石畳で舗装するのは当たり前だったのである。

そう言われれば、そこで初めて、日本の江戸時代は国の動脈である東海道も中山道も一切舗装されていなかった、そういえば馬車も走っていなかったな、と気がつくはずである。

これは日本史の一大特徴なのだが、私の本の愛読者は別として、多くの日本人はまったく気がついていない。なぜ気がついていないかといえば、そもそもプロの歴史学者がその事実に気がついておらず、その弟子たちである学校の先生も知らず、当然ながら学校ではそのことを一切教えていなかったからである。ではなぜ私が気がついたかといえば、常に世界史を視野に置き、外国と比較しているからである。また日本史の他の時代とも比較している。

専門学者は自分の専門の時代しか知らないが、私は古代史から現代史まですべての日本史を視野に置いている。だからこそ専門学者には見えないものが見える。

これが、このシリーズすべてに共通するコンセプトであり、日本人が「知ってるつもり」である戦国史にもそういう事実はいくつもある、ということなのである。

さて初めての読者には納得していただけただろうか？

井沢元彦

章扉写真：長篠合戦図屏風
（〈公財〉松浦史料博物館蔵）

学校では教えてくれない戦国史の授業◈目次

第一章 なぜ、乱世は始まったのか

――きっかけは信長の先駆者・足利義教の暗殺

第二章 戦国大名たちへの誤解と真実
――今の常識と昔の常識で歴史を見る

第三章　武田信玄の天下取りの限界

――あと十年生きていれば、どうなっていたか

第四章　なぜ、上杉謙信は「正義」を貫いたのか

——毘沙門天への信仰と関東管領としての誇り

第五章 信長の大いなる野望
――なぜ、他の戦国武将は信長に勝てなかったのか

第六章

信長は今なお誤解されている

——宗教に対する無知が歴史を見えなくさせる

第七章　「本能寺の変」の謎
――黒幕はいたのか、明智光秀の単独犯行か

第一章

なぜ、乱世は始まったのか

きっかけは信長の先駆者・足利義教の暗殺

◇戦国時代とはいつからか

戦国時代は日本史の中で、最も人気の高い時代の一つです。織田信長に豊臣秀吉、そして戦国時代に終止符を打った徳川家康という三英傑は言うまでもなく、武田信玄や上杉謙信など数多くの武将が活躍するドラマに満ちた時代だからです。

しかし、その魅力的な「戦国時代」がいつどのようにして始まったのか、明確に答えられる人は多くありません。教科書や日本史年表を見ても、はっきりと○○年からという書き方はされていません。せいぜい「応仁の乱後の約一世紀を戦国時代という」(『詳説日本史研究』山川出版社)といった表現に止《とど》まっています。

戦国時代のきっかけとされる「応仁の乱」というのもわかりにくい戦いなのですが、ごく簡単に言うと、**足利《あしかが》将軍家の後継者争いを機に、約十年間にわたって、諸国の大名を巻き込みながら全国規模に拡大した大乱**です。

室町時代というのは、将軍にして十五代、年数にして二百三十五年間も続きます。その中で、応仁の乱の発端となったのは、室町幕府第八代将軍・足利義政《よしまさ》の跡目《あとめ》を巡る争いですから、「室町時代の後半＝戦国時代」ということになります。

室町時代の後半、特に最後の七十年間は、一応将軍はいるのですが、誰も将軍の言うことなど聞かないという、いわば無政府状態でした。そのことを如実に物語っているのが、信濃《しなの》の武田信玄と越後《えちご》の上杉謙信が繰り広げた川中島の戦いです。あのような戦いが行われたということ自体、実は幕府の形骸化を示しているのです。

江戸時代と比べてみると、それがよくわかります。

江戸時代に徳川将軍家の言うことを聞かず、藩と藩とが勝手に領地争いをしたことは一度もありません。国境紛争程度の小競《こぜ》り合いは若干あったかも知れませんが、双方兵を送り出して、何度も戦うなどということはただの一例もありません。なぜなら、そんなことをしたら自分たちの藩が取り潰《つぶ》される危険があったからです。つまり、それだけ徳川将軍家がしっかりしていたということです。

室町時代、特に後半はその逆でした。

ですから、「いつどのようにして戦国時代が始まったのか？」という問いに答えるには、室町時代の話から始めなければなりません。

そもそも、室町幕府はその始まりからすでに「危うさ」を孕《はら》んでいました。そのことを象徴しているのが、政権の置かれた場所です。

日本に存在した幕府は、鎌倉幕府、室町幕府、江戸幕府の三つです。幕府の呼称は基本的に政権の置かれた土地の地名が用いられます。

鎌倉幕府は鎌倉に政権が置かれたので「鎌倉幕府」と言い、江戸幕府は江戸に政権が置かれたので「江戸幕府」と言うのです。では、室町幕府の「室町」とはどこでしょう。

室町とは、京都です。北小路《きたこうじ》室町、現在で言うと、京都市上京《かみぎょう》区、今出川通《いまでがわどおり》と室町通が交わる場所ですが、ここに三代・義満《よしみつ》以降、足利将軍家が邸宅「花の御所《ごしょ》」（室町殿《むろまちどの》）を置いたことに由来しています。それ以前も、京の三条坊門《ぼうもん》（現在の中京《なかぎょう》区）というところに、幕府はありました。

でも、これは「幕府」としてはある意味あり得ないことなのです。

なぜなら、本来「幕府」というのは、将軍がいる「前線基地」を意味する言葉だからです。

前線基地は大抵は荒野や原野です。そこに軍隊が野営するためのテント村をつくる。そのテント村の中央に位置する将軍のテント、これこそが本来の意味での「幕府」です。

ここで重要なのは、**前線基地は天皇のいる都から遠く離れた遠征地にある**ということです。昔は今と違ってリアルタイムで交信する手段がありません。そのため、戦場で判断が急がれる物事については、現場の最高司令官である将軍に全権が委任されていました。

花の御所。『上杉本 洛中洛外図屛風』に描かれた室町殿
（米沢市上杉博物館蔵）

国のトップには、決して余人に与えてはいけない権限が二つあります。一つは「徴兵権」、もう一つは「徴税権」です。

しかし、この二つの権限も、最前線の将軍には認められていました。なぜなら、戦場で食糧や兵が不足したとき、現場の判断でその二つを調達することができなければ国の存亡をかけた戦いに負けてしまうかも知れないからです。

日本最初の幕府である鎌倉幕府を開いたとき、源頼朝が鎌倉に政権を置き、自らが「征夷大将軍」に就《つ》くことに固執したのはこの「全権委任」を勝ち取るためでした。これは、江戸幕府も同じです。

ところが、室町幕府は天皇のお膝元《ひざもと》である京に政権を置いているのです。しかもその場所は、天皇が住まう御所とは交差点を挟《はさ》んだ対面なのです。これでは「幕府」の条件を満たしているとは言えません。

実を言えば、室町幕府を開いた足利尊氏《たかうじ》も、本当は関東に自らの政権を置きたかったのだと思います。

しかし、彼にはそうしたくてもできない理由があったのです。

◇なぜ足利尊氏は京に幕府を開いたのか

足利氏の本拠地は「下野国《しもつけのくに》足利の庄《しょう》」（現在の栃木県足利市）です。

では、足利尊氏は、なぜ一族の本拠地でもあり、武士の本拠地でもある関東ではなく、京に政権を置いたのでしょう。

最大の理由は、後醍醐《ごだいご》天皇という厄介な人物が、奈良の吉野の山奥に南朝というもう一つの朝廷を建ててしまったからです。これによって、室町幕府が奉じる北朝の天皇と、南朝の天皇と、二人の天皇が同時に存在するという未曾有《みぞう》の状態になってしまいました。

このため尊氏は、都を離れられなくなってしまったのです。

とはいえ、そのような事態を招いてしまった原因は、尊氏の性格にありました。

足利尊氏という人は、とても優しい人でした。

優しいというのは一見、美徳のようですが、政権のトップに立つ人間にとってはむしろマイナスに働きます。なぜなら、断固とした厳しい処置が執《と》れないからです。

事実、尊氏は後醍醐天皇が建武《けんむ》の新政《しんせい》に失敗し、失脚したときの処遇を、その優しさから誤りました。

後醍醐天皇は天皇ですから、殺すわけにはいかなかったのは仕方無いとしても、鎌倉政権が後鳥羽《ごとば》上皇を隠岐《おきの》島に島流《しまなが》しにしたように、後醍醐天皇も島流しにしておくべきだったのです。ところが優しい尊氏には、そうした厳しい処置ができませんでした。

その結果、後醍醐天皇は監視の隙を突いてまんまと脱出、奈良の吉野の山奥に隠れて、「自分こそが正統な天皇家だ」と宣言し、もう一つの朝廷「南朝」を打ち建ててしまったのです。

なぜ後醍醐天皇が自らを「正統」だと言い切れたのかというと、天皇の正統性を示す三種神器が南朝の後醍醐天皇のもとにあったからです。

日本に二つの天皇家が存在する。

このとんでもない状態では、都を離れることなどできません。万が一、尊氏が都を離れた隙を突いて南朝が都に攻め上り、北朝を滅ぼしてしまったら、室町幕府は政権の基盤を失ってしまうからです。

尊氏はこうして都を離れられなくなった上、終生この問題を解決することもできませんでした。

尊氏の性格が招いた失敗は、実は後醍醐天皇の処置だけではありません。

尊氏は、単に優しいだけでなく、無欲なとても「いい人」だったのです。そのことを物

足利尊氏（神奈川県立歴史博物館所蔵）

語るエピソードが伝わっています。

尊氏が将軍になったときのことです。いろいろな人からお祝いの品が次々と届けられ、京の尊氏の屋敷は贈り物で一杯になりました。ところが、その日の夕方には、それらが一つも残っていなかったというのです。

屋敷を埋め尽くした贈り物はどこへ行ってしまったのか？

実は、全部、尊氏が気前よく部下にあげてしまったというのです。

でも、**この無欲さと優しさこそが、室町幕府をダメにした根源だった**のです。

なぜなら、無欲な人がトップになると、部下に物だけでなく領地も気前よく与えてしまうからです。

その結果、室町幕府には広大な領土を持つ大大名が数多くできてしまい、将軍家がその力を押さえきれなくなってしまったのです。

日本には幕府を開設した人が尊氏の他に二人います。源頼朝と徳川家康です。**彼らの作った政権が長続きしたのは、彼らが「ケチ」だったから**です。

ケチは部下にあまり領土を与えません。でも、それこそが世の中を安定させるポイントなのです。ですから、トップは「海千山千《うみせんやません》」「狸《たぬき》オヤジ」「非情の人」と呼ばれるぐらいの人の方がいいのです。

尊氏は優しく無欲ないい人だったために、部下に気前よく、たくさんの領地を与えました。そのことが、二代、三代と時代を経たとき、ものすごく強大な力を持つ大大名を生み出し、大名が将軍の言うことを聞かなくなる、という事態を招いてしまったのです。

◇足利義満は皇位を狙った⁉

尊氏の跡を継《つ》いだ二代将軍・義詮《よしあきら》も二つの朝廷問題を解決することはできませんでした。

この問題を解決することができたのは三代将軍・義満でした。彼はこのとき、足利政権の力の弱さを強く憂い、政権強化を目指します。

その結果、義満が考えついたのが（推論ですが）、自分が天皇になる、ということでした。

Point

足利尊氏の無欲さと優しさが後に災いをもたらした！

もちろんこの目論見《もくろみ》は失敗します。そして、失敗したことによって、室町幕府の力はさらに弱まっていくことになるのです。

今、義満は「自分が天皇になることを目論んだ」と申しましたが、正確には自分の息子・義嗣《よしつぐ》を天皇にして、自分が天皇の父であるという立場から「上皇（太上天皇《だじょうてんのう》／皇位を退いた天皇）」としての格式を保とうとしたと思います。

実はこの計画、かなりいいところまで進みました。具体的に言うと、自分の息子を皇太子と同じ格式で元服《げんぷく》させ、自分の正妻・日野康子《ひのやすこ》を「准母《じゅんぼ》」という立場にまで押し上げるところまでいったのです。

准母というのは、血縁関係はないけれど、天皇の母親「国母《こくぼ》」に準じるという格式です。わかりやすく言えば、天皇の義理の母親といった立場です。これによって、義満の正妻が天皇の義母なのだから、息子の義嗣は天皇だということになる、ということにしたのです。

義満は、このように外堀を少しずつ埋めていくようなかたちで、最終的には皇室の出身ではない自分の息子に皇位を譲らせる計画だったと考えられます。

ところが、すべての準備が整い、義嗣が「義嗣親王《しんのう》」の立場を得た僅か一週間後、義満は突然、病に倒れます。そして倒れてから僅《わず》か一週間で死んでしまうのです。

急死でした。享年《きょうねん》五十一。それまでまったく悪いところなどなかったのにコロッと死んでしまったのです。まず間違いなく暗殺だと私は思います。

学者の中にも非公式の席ではそういうことを話す人がいます。しかし、証拠がないので公《おおやけ》には言えないというのが現状です。

ちなみに、もし義満が死なず目論見が実現していたらどうなっていたでしょう。

私は、義満が生きている間はともかく、彼が死ねば直《ただ》ちにクーデターが起きて、「偽者の天皇」は排除されていただろうと思っています。

なぜなら、日本の絶対の掟《おきて》として「天皇になれるのは皇室に生まれた者だけ」という決まりがあるからです。**天皇にとって最も大切な資質は、天照大神《あまてらすおおみかみ》の子孫であるという「血統」です。**天皇家に生まれた人間でなければ、絶対に天皇にはなれないのです。

しかし、義満が生きていれば、一時期であったとしても、天皇位を奪われることになったでしょう。それを阻止できたわけですから、義満の死は天皇家にとって、間違いなく朗報だったのです。

◇義満暗殺犯は誰か？

では、義満の死が暗殺だったとして、誰が暗殺したのでしょう？

もちろん、証拠がないので断言はできません。ですから、これから述べることは、あくまでも私が推理する歴史の可能性の一つとしてお聞きください。

まず、犯人を推理する手がかりとして、暗殺方法を考察する必要があります。

斬り殺されたという話はまったく伝わっておらず、記録では「急病」とされていることから、おそらく「毒」が用いられたのだと思います。

将軍に毒を飲ませられる人は限られます。なぜなら、よほど信頼されている人間でなければ、飲食物に毒を盛ることはまず無理だからです。このことから、義満に忠実で信頼されているのだけれど、天皇のことはそれ以上に大切に考えているような人、という推論が成り立ちます。

では、そうした可能性を持っている人は誰か。

私がもし小説を書くとしたら、犯人は世阿弥《ぜあみ》が面白いのではないかと思います。

世阿弥というのは、改めて言うまでもないかも知れませんが、能《のう》を大成した人です。

日本の伝統芸能の一つ「能」が完成したのは室町時代。しかも実は、能は義満がつくったと言っても過言ではないのです。もちろん、実際に演じるのは能役者なので、世阿弥という天才がいて完成するわけですが、芸能を文化として大成させるには、教養を身につけたスポンサーが必要です。そして、それが義満だったのです。

世阿弥の父の観阿弥《かんあみ》という人は、もともと猿楽《さるがく》をしていました。

猿楽というのは、「猿」という言葉が付いていることでもわかるように大衆芸能です。そのルーツは田植えの時に豊作を祈って田の神に奉納した踊り「田楽《でんがく》」だと言われています。

田楽は次第に金を取って見せる「見世物《みせもの》」になり、芸能として独立していきます。その見世物としての田楽を舞台の上で行うようになったのが猿楽です。

足利義満は、大衆芸能である「猿楽」を行っていた観阿弥・世阿弥という天才親子と出会ったとき、当時、世阿弥はまだ中学生ぐらいの年齢でしたが、一目でその天賦《てんぷ》の才を見抜き、「こいつは見込みがある」ということで、二条良基《よしもと》という当時最も学識ある人に弟子入りさせます。

かつて日本には「河原乞食《かわらこじき》」という差別語がありましたが、当時の役者というのは、とても身分の低い人たちでした。にもかかわらず、義満は、公家《くげ》である二条良基に弟子入りさせ、学問のみならず、様々な教養、処世術を学ばせます。こうして教養を身につけたからこそ、世阿弥は大衆芸能だった猿楽を「能」という芸術に変えることができたのです。

今でも「能」の世界では、世阿弥の脚本が上演されています。さらに世阿弥は、『風姿《ふうし》花伝《かでん》』という芸術論も書いています。この時代に役者が書いた芸術論など世界中どこを探してもありません。

ですから、実際に能を芸術として大成したのは世阿弥ですが、その偉業を可能にしたのは足利義満なのです。

では、この身分の低い役者である世阿弥が、天皇家とどう関係するのでしょう。

実は、世阿弥は南朝系統の人間であることがわかっています。

具体的に言うと、後醍醐天皇の忠臣・楠木正成《くすのきまさしげ》の系統らしいのです。楠木正成を死に追いやったのは足利氏なので、これが本当なら、足利氏は世阿弥にとって仇《かたき》ということになります。実際、天皇という存在について、世阿弥は非常に重きを置いていました。

そして、その世阿弥なら、義満に毒を盛ることができます。

もちろん将軍ともなれば毒味役がいるので、食事に毒を盛ることは難しかったと思いますが、二人で芸能の話をするような機会に、義満に毒入りの茶を飲ませることは不可能ではなかったはずです。

とはいえ、なんの記録もありません。現時点ではあくまでも推論ですが、可能性はゼロではないのです。

◇「籤《くじ》将軍」義教《よしのり》の誕生

室町幕府は徳川幕府（江戸幕府）に比べて非常に弱い政権でした。その原因の一つが、初代将軍・足利尊氏の無欲さの産物「大大名」が数多くいた、ということでした。

当時の大大名がどれほどの力を持っていたのかというと、たとえば、当時の大大名の一つ山名《やまな》氏は「六分《ろくぶん》の一殿《いちどの》」という異名で知られています。なぜ六分の一なのかというと、当時の日本は六十六の国からなっていたのですが、その六分の一に当たる十一カ国を山名氏が領有していたからです。

それでも、義満のような豪腕の政治力を持った将軍が君臨していたときは何とかなっていました。実際、六分の一殿と称された山名氏も、義満の時代にはその領地を減らしています。

しかし、幕府が義満という大きな柱を突然失ったことで、大大名は各地でその勢力を盛り返し、足利幕府は再び弱体化します。

さらに、室町幕府の政権を弱いものにした原因は他にもありました。

それは「鎌倉公方《かまくらくぼう》（関東公方とも言う）」の存在です。

室町幕府は、南北朝問題から仕方なく京に政権を置きました。しかし、武士の本場は関東です。その関東を押さえる必要から、足利幕府は、出先機関「鎌倉府」を置いて、その長官として尊氏の四男・足利基氏《もとうじ》を任命しました。そして、基氏の一族に代々鎌倉府長官の地位を世襲させることで、関東武士を抑えさせたのです。この鎌倉府の長官が「鎌倉公方」です。

これも最初のうちは良かったのですが、第四代の鎌倉公方・足利持氏《もちうじ》のとき、トラブルが生じます。

原因は将軍位の継承に対する不満でした。

当時の室町将軍は第五代・足利義量《よしかず》という人でした。しかし、義量は病弱で、実質的な政務は、父であり第四代将軍であった義持《よしもち》が行っていました。

応永《おうえい》三十二年（一四二五）、その義量が十九歳で早世《そうせい》します。本来なら、ここですぐに次期将軍を決めるのですが、もともと実権は義持が握っていたので、将軍空位のまま引き続き義持が政治を行っていました。

しかし、その義持が応永三十五（正長元）年（一四二八）、病に倒れます。幕府は大混乱

●室町幕府のしくみ

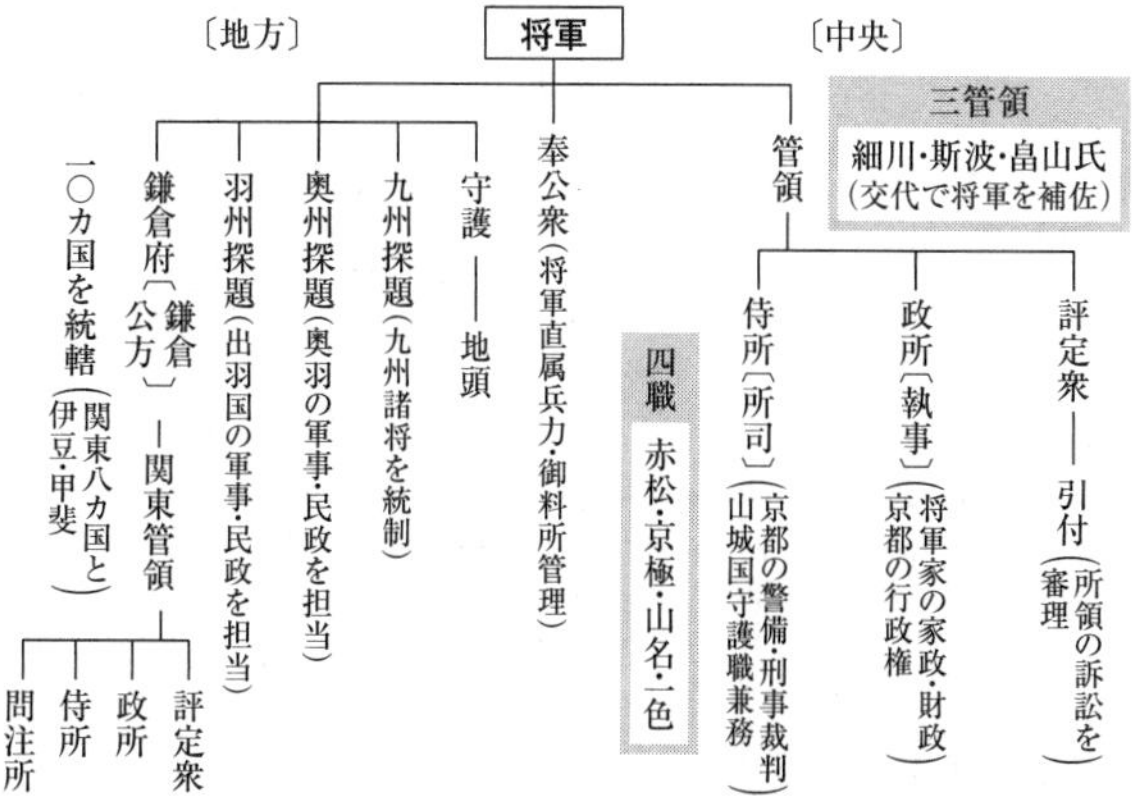

に陥《おちい》り、にわかに次期将軍選びが急がれました。

もちろん、重臣たちは真っ先に義持にお伺《うかが》いを立てました。しかし、病床の義持は後継者の指名を拒否。代わりに三宝院満済《さんぼういんまんさい》という僧侶に、「次期将軍選びはお前に任す」と言い残し亡くなります。

誰を第六代将軍に就ければいいのか。この時点で候補は四人。いずれも義持の弟たちでした。しかし相続争いを防ぐために、すでに四人とも俗世を離れ僧侶になっていました。条件は四人とも同じです。

このような状態の中で誰か一人を推《お》せば、必ずトラブルが生じます。そこで満済が考えたのが、「くじ引きで選ぶ」という方法でした。

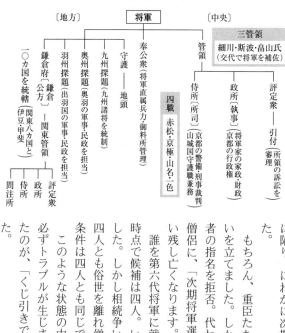

こうして、くじ引きで選ばれたのが第六代将軍・足利義教《よしのり》なのです。

◇神に選ばれた将軍

読者の中には、くじ引きで将軍を選ぶなんて、「不謹慎な！」と思われた方もいることでしょう。

でも、それは現代人の感覚です。

当時の人にとって「籤《くじ》」というのは、とても神聖なものでした。なぜなら、くじというのは、「おみくじ」を思い出していただくとわかりやすいと思うのですが、本来は、神様の意思を知るためのものだからです。

日本には古来から、人が神の真意を知る方法が三つあります。一つは「託宣《たくせん》」、二つ目は「占い」、そして三つ目が「籤」です。

託宣というのは、神様から直接「言葉」でメッセージが伝えられるというものです。実際に神様が現れて語ってくれればいいのですが、なかなか現実にはそういうことは起きないので、託宣は巫女《みこ》の口を借りたり、夢の中に神が現れたときの言葉として告げられます。

●足利氏の略系図

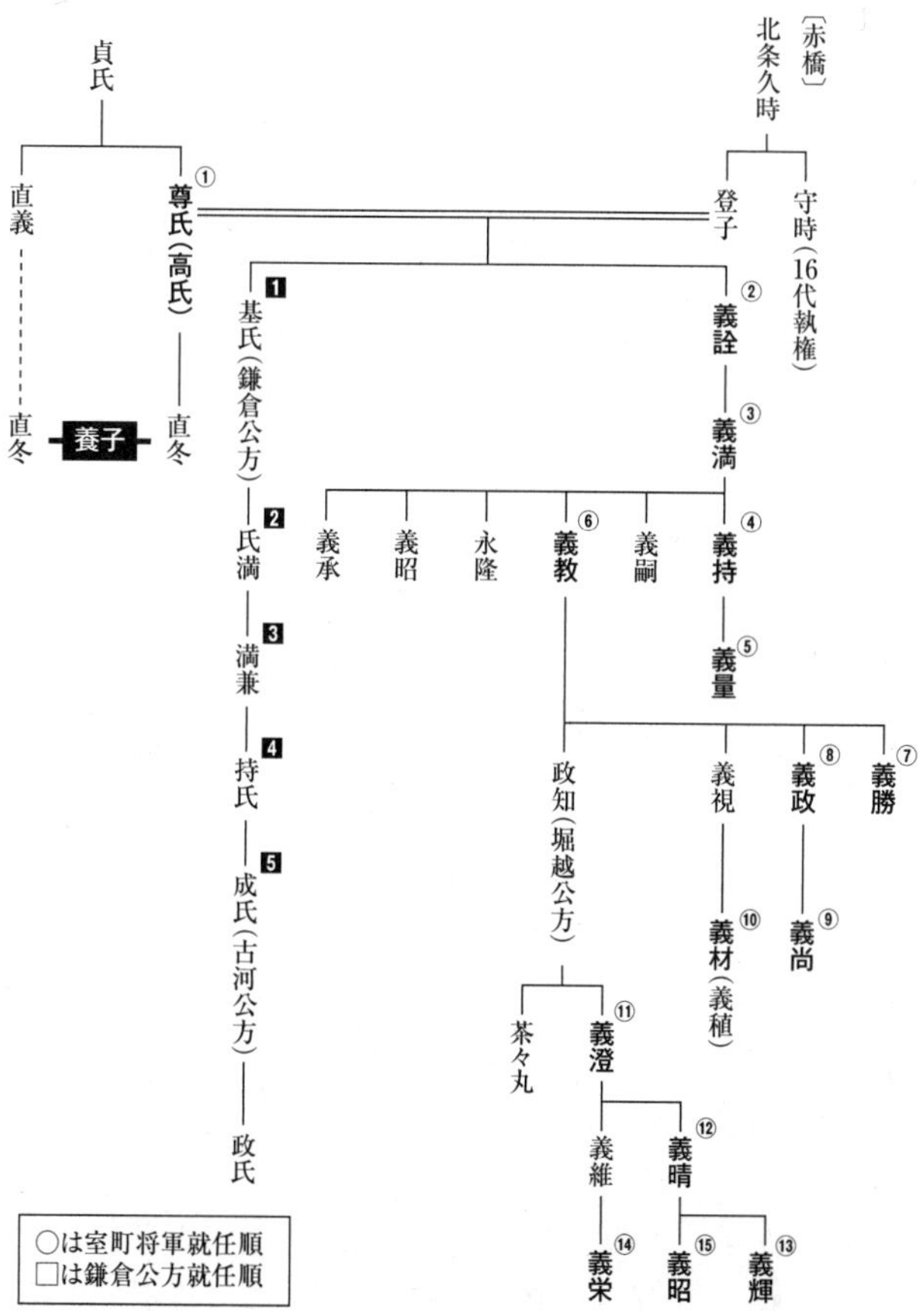
〔赤橋〕
北条久時
守時（16代執権）
登子
貞氏
直義
①尊氏（高氏）
直冬
養子
直冬
1 基氏（鎌倉公方）
2 氏満
3 満兼
4 持氏
5 成氏（古河公方）
政氏
②義詮
③義満
④義持
⑤義量
義嗣
⑥義教
永隆
義昭
義承
⑦義勝
⑧義政
⑨義尚
義視
⑩義材（義植）
政知（堀越公方）
⑪義澄
茶々丸
⑫義晴
義維
⑬義輝
⑮義昭
⑭義栄
○は室町将軍就任順
□は鎌倉公方就任順

一方、占いは、神様の意思をカードや筮竹《ぜいちく》のような道具を使って量る、というものです。

「籤」は占いに少し似ているのですが、「あたり」を引いた人は、その人の運や力量で引いたのではなく、神様の意思によって「引かされた」と考えます。

方法は簡単です。まず候補者四人の名前の書かれたくじを作ります。そして、「神様はどなたをお選びになりますか。神様のご意思に適《かな》った者にあたりをお引かせください」と申し上げ、四つの「籤」の中から一つを選ぶ。ちなみに、このときは武士の総大将を決めるためのくじなので、源氏の氏神《うじがみ》である石清水八幡宮《いわしみずはちまんぐう》の社殿の前で、祭神《さいじん》である八幡大神に祈りを捧げた後、「くじ引き」が行われました。

実際にくじを引いたのは、管領・畠山満家《はたけやまみついえ》。しかし、そのくじは満家自身が引いたのではなく、神様に引かされた。もっと言えば、神がその人を選んだ、と考えられました。

ちなみに、くじ引きで人を選ぶのと、選挙で人を選ぶのと、現代人はまったく違うものだと考えていますが、実は昔は同じものでした。

事実、今でもローマ教皇を選ぶときには、選挙権を持つ枢機卿《すうききょう》が、一室に集まって全員一致するまで何日でも投票を繰り返します。

これを「コンクラーベ」と言います。日本語の「根比べ」と音と意味が似ているという冗談のような名称ですが、「コンクラーベ／conclave」は教皇選挙を意味するラテン語です。

コンクラーベも、枢機卿らは自分が投票しているのではなく、神様が自分を通じて、あるいは他の枢機卿を通じて、新しい教皇を選ばせている、と考えています。自分が自分の意思で投票したのではなく、自分の脳裏にその人が浮かんだということ自体、神様のご意思であると考えるわけです。

話を戻しましょう。

義教は、こうしてくじ引きによって将軍になりました。

くじ引きで選ばれたということは、神に選ばれた、ということです。だから義教は、三宝院満済にも管領・畠山満家にも何の感謝もしていません。彼を選んだのは、源氏の氏神である石清水八幡の御祭神、八幡大神様だからです。

◇義教の対抗勢力つぶし①　永享《えいきょう》の乱

八幡大神様に選ばれた義教は、自分は「神に選ばれし将軍」だと認識しました。

そんな義教は、自らが受け継いだ幕府の弱さを嘆き、同時に、神に選ばれた自分には室町幕府を立て直す義務がある、と自覚します。

そこで義教は、幕府強化のために二つの大事業を断行します。

その一つが、**鎌倉公方を潰し、軍事権を掌握《しょうあく》すること**でした。

当時の鎌倉公方は足利持氏。尊氏の四男・基氏の曾孫《そうそん》、つまりひ孫です。この持氏が、義教に対して反乱を起こす気配を見せます。義教はそれを見逃さず、むしろ好機として一気に攻めました。

では、なぜ持氏は神の選んだ義教に反旗を見せたのでしょう。

実は持氏は、今回の将軍選びに不満を抱いていたのです。なぜなら、持氏は次期将軍選びのくじから、事前に除外されていたからです。

四人の候補を選定した満済にしてみれば、鎌倉の押さえである持氏を動かしたくないという思いがあったのかも知れませんが、持氏からしてみれば、なぜ自分が次期将軍の候補に入らなかったのかという不満がありました。

「いかに義持の弟とはいえ、なぜあんな四人の僧侶の中で決めてしまったのか」「俺の方がちゃんと武士として生きてきたのだから、武士の総帥《そうすい》である征夷大将軍にふさわしいはずだ」「それなのに自分の存在を無視して、都では勝手に将軍を決めてしまった」「そんなヤツが将軍だと言われてもこっちは認められない」というわけです。

足利義教（東京大学史料編纂所所蔵模写）

それに、軍事的に見ると、鎌倉府の方が配下の大名ははるかに強いのです。何しろ本場の関東武士ですから。

そこで持氏は反乱の様子を見せたのです。

では、その「様子」とはどのようなものだったのでしょう。

事の発端は、永享《えいきょう》十年（一四三八）六月、持氏の嫡男《ちゃくなん》・賢王丸《けんおうまる》の元服でした。

通常、有力武士の跡取りが元服を迎え、名を改めるときは、時の将軍の名前の下の一字をもらい、名前の上の一字に用いるのが慣例でした。

ですから、この場合なら「義教」から「教」の字をもらい、「教○」という名前にするのが決まりです。ところが持氏は、この慣例を無視し、息子に「義久《よしひさ》」と名付けます。

しきたりを無視した持氏のやり方に、関東管領・上杉憲実《のりざね》はこの元服式を欠席。まずは両者が対立を決定的なものとします。

八月、憲実が鎌倉から領国である上野《こうずけ》国へ下ると、持氏はこれを鎌倉公方に対する反逆と見なし討伐に向かいます。

義教は憲実救援に動きますが、同時に朝廷に持氏追討の綸旨《りんじ》を求め、持氏を朝敵《ちょうてき》の立場へ追い込み、一気に攻め落としてしまいました。

このように出来事だけ見ていくと、将軍の継承問題に不満を持って幕府に反旗を翻《ひるがえ》した持氏が返り討ちにあったように見えますが、実は、これは義教の陰謀で、持氏がそういう行動に出るよう義教が挑発したのだという説もあるのです。

これも陰謀の証拠はないので、はっきりとしたことはわかりませんが、結果から見たとき、**持氏を潰し、鎌倉府の有する軍事力を幕府がその支配下に置くことができたおかげで、幕府の軍事力が強化された**ことは事実なのです。

◇義教の対抗勢力つぶし②　九州制圧

鎌倉公方ともう一つ、義教が幕府を強化するために行ったのが、**何かと問題の多い九州の実権を掌握すること**でした。

そもそも室町幕府は、九州の統治のために、九州ブロックの司令官である「九州探題《たんだい》」というものを置いていました。三代将軍・義満のとき、この九州探題に任ぜられたのは今川了俊《りようしゆん》（今川貞世《さだよ》）という守護大名でした。

今川家というと、織田信長の桶狭間《おけはざま》の合戦のときに相手方として出てくる今川義元《よしもと》が有名ですが、彼は今川了俊の兄、今川宗家《そうけ》を嗣《つ》いだ範氏《のりうじ》の子孫です。

しかし今川了俊は、九州探題になり、九州全体の大名が自分の言うことを聞くようになると、その軍事力を背景に、次第に足利将軍の言うことを聞かなくなっていきました。

怒った義満は了俊を罷免《ひめん》、しかし、九州を押さえていた了俊がいなくなったことで、九州は再び混乱してしまいました。

その後、幕府も新たな九州探題を任命しますが、その能力が低かったこともあり、彼らを押さえることができないまま、義教の時代には九州は大友《おおとも》、大内《おおうち》、少弐《しように》という地元の三氏が三つ巴《みつどもえ》で覇権を争う混乱の地になっていました。

そこで義教は、とりあえず、この地を統一することを目指します。

しかし当初、義教の策はことごとく失敗。一時は九州統一の夢は絶望視されたかに見えます。それでも決してあきらめようとしない義教がとったのは、かなり思い切った策でした。

何をしたのかというと、かつての幕府への反逆者・大内義弘《よしひろ》の子である持世《もちよ》の家督《かとく》相続を正式に承認したのです。

家督相続が幕府によって正式に認められると言うことは、守護大名として、土地の領有権が公に認められるということです。

この一件により事態は一変。

大内持世は、義教の知遇《ちぐう》に応《こた》えるべく奮闘を重ね、ついに九州は持世のもとに平定されたのです。

　こうして足利義教は、それまで室町幕府と言いながらも、幕府の統制に従わなかった関東（鎌倉府）と九州を自分の勢力下におさめることで、全国支配と大きな軍事力を手にすることに成功したのでした。

◇義教の対抗勢力つぶし③　比叡山焼き討ち

　鎌倉府を潰し、九州の抵抗勢力を掌握した義教が、もう一つ潰したものがあります。それは「比叡山」です。

　比叡山というと織田信長の焼き討ちが有名です。

　信長の行ったことの中で、この比叡山焼き討ちほど非難されるものはありません。今も多くの人が、「武士が宗教団体を討った」ということで信長を非難します。

　しかし、そうした人たちは当時の比叡山が、今の比叡山とは大きく違っていたということを考えもせず、今の感覚で非難しているのです。

　当時の比叡山は、宗教団体でありながら独自に武力を持ち、自分たちの意に沿わぬことがあると、力尽くで政権に脅《おど》しをかけるような武装した集団でもあったのです。

たとえば、室町時代初期、京都・南禅寺《なんぜんじ》の楼門《ろうもん》が破壊されるという事件がありました。南禅寺というと、今は湯豆腐で有名な、大変立派な禅宗《ぜんしゅう》のお寺ですが、当時の禅宗は比叡山などに比べると新興勢力でした。細かい背景を言うと色々あるのでごく簡単に言いますと、旧仏教勢力である天台《てんだい》宗の比叡山延暦《えんりゃく》寺《じ》と新興勢力である禅宗の南禅寺が敵対。その最中、南禅寺が朝廷の許可を受けて立派な楼門を作りました。すると、面白くない比叡山はこれに抗議、それでも朝廷が一度許可したことだからと訴えを退けると、比叡山は神輿を担いでの強訴《ごうそ》に及びます。

この強訴に時の管領・細川頼之《よりゆき》が屈服。応安《おうあん》二年（一三六九）、建設中の南禅寺の楼門は、礎石まで掘り起こされるという、徹底的な破壊を受けたのです。

つまり**当時の比叡山は、幕府をも屈服させるほどの力を持っていた**ということです。

比叡山延暦寺というのは、京都から見ると東北、つまり艮《うしとら》の方角に位置します。艮の方角というのは、陰陽道《おんみようどう》では禍《わざわい》の入ってくる方位「鬼門《きもん》」とされています。

鬼門は、ありとあらゆる禍がすべて入ってくる方角なので、禍を封じるために何かで塞《ふさ》がなければなりません。

そこで、都を守る鬼門塞ぎとして建てられたのが延暦寺なのです。

天台宗は国家公認の宗教で、その本山《ほんざん》である延暦寺は国家公認のお寺です。国家公認の宗教である天台宗は、本来、天皇家を守護するための存在なのですが、武力を持ったことで、次第に朝廷や幕府に対して力を持つようになっていきました。そして気に入らないことがあると、神輿を担いで、――つまり神仏の威光を振りかざして、「そんなことは認めるな」と迫る。これが「強訴」です。

この強訴に対し、「お前らなんかの言いなりにはならない」と神輿に矢を打ち込み、ご神体《しんたい》である神鏡《しんきょう》を破壊するという強硬手段をとったのが、初代武士政権の長・平清盛でした。

しかし、室町時代になると、もはやそういう強硬な手段を取る武士はなく、比叡山延暦寺は武士以上に強大な武力を盾《たて》に威張っていたのです。

そんな、ある意味やりたい放題だった比叡山に対して鉄槌を加えたのが、足利義教だったのです。

面白いことに義教という人は、将軍になる前は天台宗の僧侶でした。それも、比叡山延暦寺のトップである「天台座主《ざす》」という立場だったのです。

実は、このような経歴の人というのは、おそらく世界史を探してもいないでしょう。ヨーロッパでいえば、ローマ教皇が僧職を辞めて、どこかの国の皇帝になった、というぐらいあり得ない話だからです。

でも、そんな義教だからこそ、比叡山の手口をすべて知り尽くしていました。内情がわかっていたからこそ、比叡山の権威に臆《おく》することなく、焼き討ちをやってのけることができたのです。

今「義教の比叡山焼き打ち」と言いましたが、正確に言うと、義教が火をかけたわけではありません。比叡山の根本中堂《こんぽんちゅうどう》を兵で取り囲んだ際、絶望した僧侶たちが自ら火をかけて炎上した、というのが実態です。

でもまあ、義教の兵が火をかけたわけではないとはいえ、そこまで追い込んだわけですから、「焼き討ち」と言っても間違いではないと思います。

義教の比叡山焼き討ちは一四三五年、信長の比叡山焼き討ちは一五七一年。両者の間には百三十六年の隔たりがあります。歴史的には信長の行った比叡山焼き討ちの方が有名ですが、実は信長のやったことは、義教の真似《まね》だったのです。

◇足利義教の死が戦国の端緒《たんしょ》を開いた！

足利義教は、関東の要《かなめ》である鎌倉府と九州の権力を掌握し、巨大な対抗勢力である比叡山をも屈服させたわけですから、**もし足利義教の時代がもっと長く続いていれば、室町幕**

府は弱い幕府などではなく、ものすごく強い幕府になっていた可能性があったのです。

しかし、現実にはそうは上手《うま》くいきませんでした。

彼の野望を阻止したのが「嘉吉《かきつ》の乱」です。

嘉吉の乱とは、嘉吉元年（一四四一）に、播磨《はりま》・備前《びぜん》・美作《みまさか》という三国を領有する大大名・赤松満祐《あかまつみつすけ》が将軍・足利義教を暗殺したことから始まり、領国播磨で幕府の討伐軍に討たれるまでの一連の騒乱のことを言います。

つまりごく簡単に言えば、義教は、赤松満祐という守護大名に暗殺されてしまったのです。

権力の一極集中を目指し、急激に幕府の力を強めていっていた義教に、反感を持っていた大名は、実は少なくありませんでした。「将軍家は俺たち守護大名を潰そうとしている。ならば、潰される前に暗殺してやろう」ということで義教暗殺が計画されたのです。

赤松満祐の計画はなかなか巧妙でした。まず、赤松満祐が自ら隠居を申し出ます。家督

Point

力尽くで政権に脅しをかける比叡山を義教と信長は許さなかった！

を嫡男・教康《のりやす》に継がせるということで義教を油断させたわけです。

「ああ、あのうるさいジジイもようやく引退を決めたか」と、おそらくこのときの義教の感想はその程度のものだったでしょう。あっさりと隠居を赦《ゆる》し、家督相続を認めます。

するとしばらくして、赤松満祐の跡を継いだ息子から「義教を慰労したい」と招待状が来ます。

その招待状には次のように書かれていました。

「この度、屋敷の庭の池に住み着いていたカルガモが卵を産み、多くのヒナが孵《かえ》りました。これを肴《さかな》に一献《いっこん》いかがでしょうか」

カルガモのヒナというのは、今でもよくマスコミで取り上げられたりしますが、親の後をついて回って、とてもかわいいものです。このかわいいヒナの様子を肴にお酒を一杯どうですか、といって義教を誘い出したわけです。

義教は自分の計画が順調に進んでいたこともあって、安心していたのでしょう。「九州は押さえたし、鎌倉公方も潰した。比叡山は屈服し、もうこの世に俺に逆らう奴は誰もいないだろう。なにかとうるさいことを言っていた赤松満祐も引退して、息子が俺とのよしみを願って招待してきたのだから、ここはひとつ応じてやろう」、そんな気持ちだったのかも知れません。

少なくとも油断していたことは間違いないでしょう。

なぜなら、義教はごく少人数の供《とも》を連れただけの軽装で出かけてしまっているからです。

その結果——、暗殺されてしまったのです。

義教の死後、室町幕府が再び力を持つことはありませんでした。

ちなみに、第十三代将軍・足利義輝《よしてる》は優秀な人で、幕府を立て直そうと一応試みてはいるのですが、すでに時遅く、幕府にはもはや自前の軍事力さえないという状態でした。

なぜ幕府に軍事力がないのかというと、将軍に領地がないからです。足利将軍家はもともと領地が少なかったのですが、その少ない領地すらも、応仁の乱以後は大名に取られてしまっていました。領地さえあれば人を雇えるので、軍事力を持つことができますが、それがないのですから、いくら義輝が優秀な人物であっても、幕府を立て直すことはできませんでした。

そして、なまじ幕府を立て直そうと考えたがために、足利義輝という人は暗殺されてしまいます。

その最期《さいご》はなかなか壮絶で、剣の達人だった義輝は、伝家《でんか》の宝刀《ほうとう》「三日月左近」を手に、その他にも何本もの刀を並べておいて、それを抜いては敵に突き刺す、という形で何十人もの寄《よ》せ手《て》を斬ったと言われていますが、最期は四方を囲まれ、同時に突き刺され、絶命したと伝えられています。

徳川将軍を含め、現役の将軍で実際に人を何人も斬ったという人はおそらく足利義輝ぐらいでしょう。

初代の将軍、つまり足利尊氏や徳川家康らには、将軍になる以前の実戦経験があるものの、将軍になってからは自ら人を斬らなくても、家来にやらせればいいので、意外に人を斬った将軍というのは少ないものなのです。

充分に力を発揮することができない環境にあったので、義輝の政治家としての力量がどれほどのものだったのか本当のところはわかりませんが、少なくとも骨のある男であったことだけは確かだと思います。

軍事力も経済力もないのでは、運良く暗殺を免《まぬが》れたとしても、義輝には義教の時代のような改革は無理だったと思います。そうしたことが可能だったのは、室町幕府では、義教の時代までです。

ですから、「戦国時代はいつから始まったのか?」という最初の問いの答えは、「**義教が殺された時から**」と言えると私は思っています。

確かに、政権が有名無実化するのは応仁の乱以降ですが、応仁の乱に至った原因、つま

足利義輝（東京大学史料編纂所所蔵模写）

り「室町幕府＝弱い幕府」が決定的になったのはいつかというと、義教の死以降だからです。

義教が暗殺されたことによって、室町幕府は将軍家の権威を強化し、大名を統制する最後のチャンスを失ったのです。

◇最も将軍に向かない将軍、足利義政

義教の後、さらに七代将軍の短い治世を挟んで、八代将軍・義政という人が出ます。この人の時代に「応仁の乱」が起こります。

応仁の乱を招いた直接の原因は、将軍・義政の優柔不断でした。

応仁の乱以後、日本中の大名はみな、勝手に武力で領土争いや利権争いをするようになります。

では、応仁の乱を招いた八代将軍・義政とは、どのような人だったのでしょう。

義政という名前を聞いてピンと来ない人も、京都の「銀閣寺」はよくご存じでしょう。学生時代に修学旅行で、金閣寺と銀閣寺、両方を見学したという人も多いはずです。

その金閣寺を建てたのが、三代将軍・義満で、銀閣寺を建てたのが、八代将軍・義政な

足利義政（東京大学史料編纂所所蔵模写）

のです。

義政は、一言で言えば、政治をあきらめて文化にのめり込んだ人です。

義政という人は、初代の尊氏に似て、とても優しい人でした。尊氏のところでも述べましたが、優しいと言えば聞こえはいいのですが、優しさは将軍としては決して美徳ではありません。**むしろトップの人においては、優しさは優柔不断に繫《つな》がるので禍を招く性質と言えるのです。**

義政が初代・尊氏と違っていたのは、尊氏は、それでも戦場に出れば大変に勇敢な武将だったのですが、義政にはそういう武士としての才能すらなかった、ということです。

政治家としては最低、武将としても才能のかけらもない。そんな義政にも、とても優れていた才能が一つだけありました。

それは「美的センス」です。

室町時代の文化を象徴する建築物が金閣寺と銀閣寺であることからもわかるように、室町文化は、義満の時代の「北山文化」と義政の時代の「東山文化」に大別されます。

北山文化を主導した義満という人は政治家としても才能があり、文化の保護者としても優秀な人だったのですが、義政は、政治家としてはまるでダメでした。しかし、文化の保護者、あるいは文化のコーディネーター、プロデューサーとしては、義満より上かも知れ

慈照寺銀閣（提供：慈照寺）

ません。

というのは、今われわれが日本の文化、あるいは和風文化を考えたとき、「和風」とか「日本的」なものとして頭に浮かぶもののほとんどが、義政の東山文化から始まっているからです。

心優しき義政は、当時としては珍しく平等意識の強い人でした。一応は、自分は将軍だから偉いし、貴族だから庶民よりは身分が高いということは認識しているのですが、身分の低い人でも、才能のある茶人や、職人、庭師とは親しくしていたことがわかっています。

当時、貴族は普通、庭師や大工職人、あるいは役者のような「下賤な」者とは付き合いませんでした。しかし義政は、武家の最高位である征夷大将軍であるにもかかわらず、彼らと親しく接し、酒を酌《く》み交わして、あそこをこうしたらいいじゃないかとか、こういうことを試してみたらどうだろうといったことを熱心に話し合っていたと言います。

実際、銀閣寺の書斎は義政自らが設計したものです。

そういう意味で言えば、義政はデザイナー的才能もプロデューサー的才能も持った、芸術家としては大変優秀な人だったと言えます。

ですから彼の不幸は、彼が将軍家に生まれ、将軍位を継承したということでした。

◇応仁の乱は義政の政治力のなさが招いた

義政の政治がどうダメだったのか。なぜ応仁の乱が起きてしまったのか。その流れを見ておきましょう。

足利家には、代々公家の日野家から嫁を取ることが決まっていました。これは皇室と藤原氏の関係に似ています。

義政の正室・日野富子《とみこ》は、十六歳で嫁し、二人の間には二人の女の子が生まれます。ところが、富子にはどうしても男の子が生まれません。

普通なら、躍起になって男子を望むのですが、趣味に生きる義政はいまいち積極的に跡取り作りに励む気配を見せません。にもかかわらず、「もう政治家なんかやりたくない。将軍を辞めたい」と言い出します。

当時の義政は、まだ二十代の若さです。

しかし現実問題として、いくら将軍職を譲りたくても跡継ぎがいません。そこで義政が思いついたのが、出家して僧侶になっていた実の弟・義尋《ぎじん》をわざわざ還俗《げんぞく》させ、将軍職を譲ることでした。

義政は、早速、義尋を還俗させ、義視《よしみ》を名乗らせ、「おまえに将軍職を譲りたい。引き受けてくれ」と頼みます。

ところが、義視はこの申し出を警戒し、なかなか承諾しません。

義視の警戒は当然のものでした。兄はまだ若く、奥さんの日野富子はさらに若い。いくら跡継ぎがいないと言っても、すでに女の子を二人産んでいるのだから、この後、男子が生まれる可能性がないわけではない。

義視は自分の不安を兄に伝えます。

「兄さん、もし実の息子ができたら、俺のことなど忘れて自分の子を将軍にしたくなるんじゃないの？」

それに対し、一刻も早く将軍を辞めたい義政は「そんなことは絶対にない。もし心配なら保証人を立ててもいい」と言います。

こうして保証人を立てることで、義視は将軍位の継承を承諾します。

このとき保証人になったのが、何カ国も領有している大大名の細川勝元《かつもと》でした。

当然ですが、勝手にそんな約束をした夫に、正室の日野富子は怒ります。

彼女は自分がお腹を痛めた我が子を跡継ぎにしたいと思っていたからです。

そして、私は渋る義政に富子が迫って、無理やり事に及んだのではないかと思っている

●将軍家と日野家の略系図

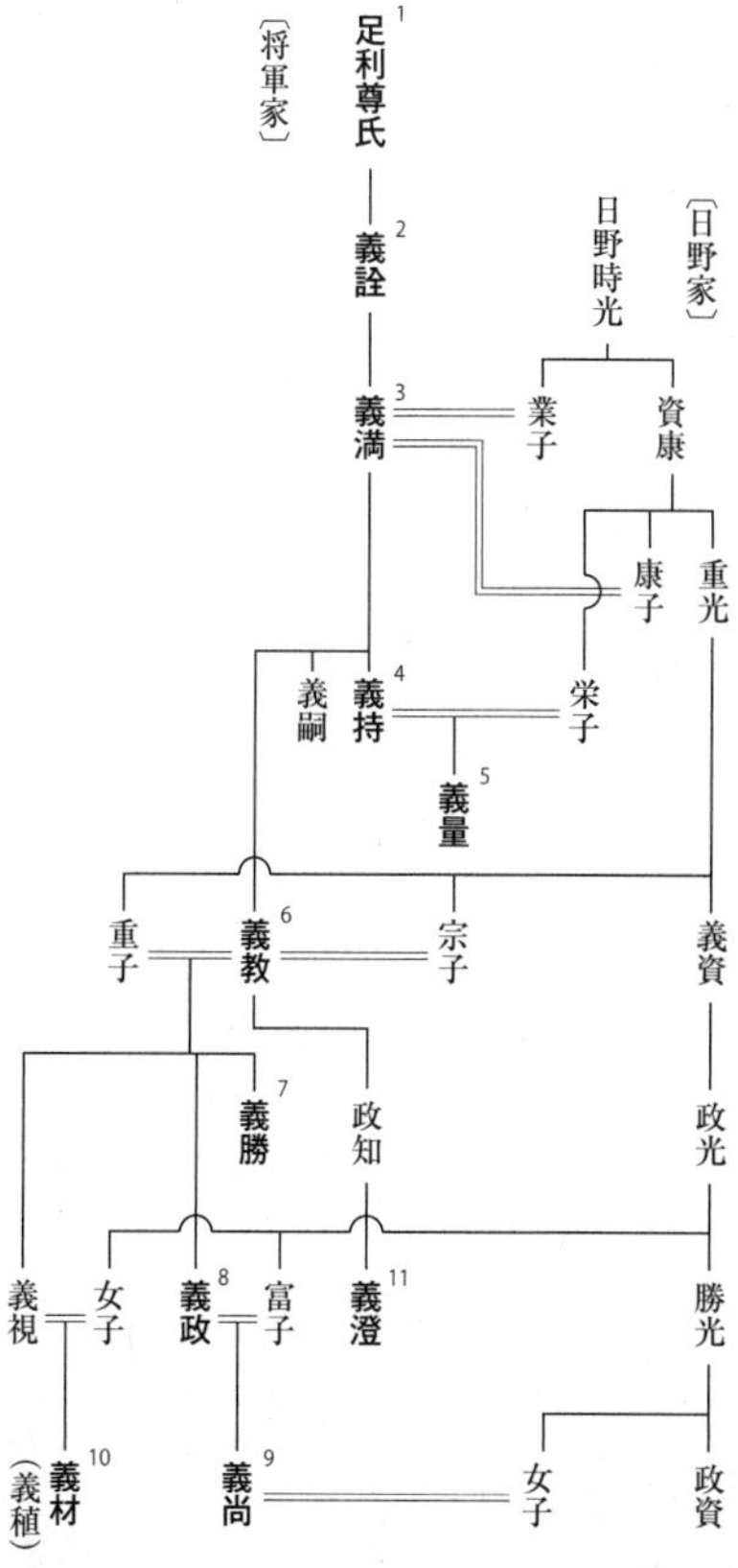

数字は将軍継承順位

のですが、翌年、富子に男子が生まれるのです。

男子ができたとなれば、もう日野富子は黙っていられません。

「実の息子が生まれたのに、弟に跡を継がせることはない」と義政に詰め寄ります。

しかし、義政は保証人まで立てて約束していますから、義視に今更あきらめてくれとは言えません。

そこで、困った義政はどうしたのかというと、問題を先送りにしてしまったのです。

放っておけば、そのうち何とかなるのではないかと思ったのかも知れませんが、こうした問題は、どうにかなるものではありません。

結局、義政はそのままずるずるとやりたくない将軍を十年近く続けてしまいます。

その間にも、日野富子が産んだ息子・義尚《よしひさ》はどんどん成長していきます。

こうなると、義視は気が気ではありません。

しかし、気が気でないのは日野富子も同じです。何しろ息子のライバルである義視の後見人には大大名の中でもひときわ大物の細川勝元が付いているのです。

そこで日野富子は、細川勝元のライバルである大大名・山名宗全《そうぜん》（持豊《もちとよ》）に息子の後見を依頼します。

こうして将軍の後継を巡り、細川と山名の間で争いが生じることになります。これが、

日野富子(宝鏡寺蔵)

応仁の乱です。

ですから、**応仁の乱を招いた張本人は誰か、誰が一番いけなかったのかと言うと、これはもう間違いなく義政なのです。**

自分が早く将軍を辞めたいというわがままから、僧侶だった弟を無理やり還俗させたのに、日野富子に押されて子供をもうけて、しかもぐずぐずと問題を先送りにしてしまったから、こんなことになったのです。

そもそも、自分のわがままのために弟を無理矢理還俗させるなどということはやるべきではなかったし、それでもやってしまったのなら、もっと早く、子供ができる前に位を譲ってしまうべきだったのです。

また、どうしても我が子に譲りたくなってしまったのなら、たとえば「悪い、男の子が生まれたからおまえに五年ぐらい将軍の位を譲るけど、その後はうちの息子にやってくれ」とか、「金を出していい地位（たとえば副将軍とか）を与えるからあきらめてくれ」とか、すぐに何か手を打てば良かったのです。

何も対処しないでずるずると手をこまねいてしまったために、全国の大名が細川派と山名派に分かれて争うという最悪の事態が起きてしまったわけです。

◇事態をさらに悪化させた日野富子の「銭《ぜに》ゲバ」人生

日野富子という女性は、昔の言葉で言うと「銭ゲバ」という表現がぴったりの女性でした。

最初は確かに自分の息子を何とか将軍にしたい一心で頑張っていたようなのですが、そのためには「先立つもの」、つまり「お金」が必要だということで、金貸しを始めたあたりから、彼女のイメージは変わっていきます。

お金を集めるために彼女は、勝手に関所を設けて通行税を取るということを始めます。これは将軍家の御台所《みだいどころ》が最もしてはいけないことの一つです。

この後、戦国時代が百年ぐらい続いて、織田信長が一旦しめるわけですが、織田信長の画期的経済政策で、多くの人が支持したものに「楽市楽座《らくいちらくざ》の実行」ともう一つ「関所の撤廃」があります。

関所と聞いて、多くの人がイメージするのは「箱根の関所」など、今風に言えば国境検問所、出入国管理事務所のようなものだと思います。

江戸時代には「入鉄砲《いりでっぽう》に出女《でおんな》」という言葉がありました。入鉄砲というのは、江戸に反乱のために鉄砲が持ち込まれることを箱根などの関所で阻止するということです。出女というのは、人質にとっている大名の子女が江戸から出ないように監視するということです。この「入鉄砲、出女」を監視することが関所の一番の目的であったということです。

本来、関所というのはそういうものです。

つまり、治安維持のために置かれる国境検問所なのです。江戸幕府も全国に関所を置きましたが、通行料は取っていません。関所で支払う通行料を「関銭《せきせん》」と言いますが、江戸時代の関所では「関銭を出せ」と言われることはありません。

この「関銭」を日本で初めて大々的に徴収したのが、実は日野富子なのです。

当時の都は京都です。京都は山に囲まれた盆地なので、入り口が限られます。京都の出入り口は全部で七つ、これを「京の七口《ななくち》」と言います。

この七つの出入り口には昔から関所がありましたが、関銭は取っていませんでした。変なやつが入ってこないか、チェックすることが目的だったからです。

ところが、日野富子はそこで関銭を取ることを思いつきます。

これによって面白いようにお金が入ってきました。ところが、こうしてだんだん稼《かせ》ぎが多くなっていくと、最初は息子のためだったのですが、次第にお金を儲けること自体が彼女の目的になっていったようなのです。

母のバックアップもあり、息子の義尚は、何とか将軍にはなるのですが、二十五歳という若さで亡くなってしまいます。

息子の死で富子はどれほど悲しんだことか、と思われるかも知れませんが、義尚が死んでも富子の野望は生き続けました。彼女はその後も自分の息のかかった男子を将軍に立てています。

そして、その陰で何をやっているかというと、息子を失って生きがいがなくなったのかも知れませんが、ひたすら金儲けに励んでいるのです。そして「日本一銭ゲバな女」として歴史に名を残しているのです。

興味深いのは、義尚亡き後、富子が推した人物です。ちなみに、義尚は子供がないまま亡くなっているので、富子の直系ではありません。

実は、富子が跡継ぎに選んだのは、足利義材《よしき》という人でした。

驚くべきことに、義材はかつて将軍位をめぐって富子とはライバル関係にあった義視の息子なのです。

彼女は、なぜかつての最大のライバルの息子を跡継ぎにしたのでしょう。

はっきりとはわかりませんが、私は富子が権力、それも金権に執着したからだと思います。富子にとっての権力とは何かというと、ズバリ、「お金を儲けること」なのです。銭ゲバ富子にとっては、自分に金をもたらしてくれる人物であれば、かつてのライバルの子供であっても、そこに何の躊躇《ちゅうちょ》もなかった、ということなのではないでしょうか。

◇応仁の乱はなぜあそこまで拡大したのか

先ほど、応仁の乱は、将軍継承問題を発端とする細川と山名という大大名による争いが、全国規模にまで発展したものだと述べました。では、なぜ将軍位をめぐる争いが全国的争いに拡大してしまったのでしょう。

それは、**どの大名家も相続争いを抱えていたから**です。

まず都で、義視と義尚、どちらを将軍にすべきかということで、細川と山名という大大名が対立します。

すると、細川も山名も、どちらも味方を増やしたいので全国の大名に、自分の方に味方するように、と声を掛けます。

その結果、諸大名の家々でどちらに付くべきか、論争が生じます。

このとき、一悶着なしには決まらない家がたくさん現れました。その原因が、跡目争いです。当時は異母兄弟が当たり前にいたので、正夫人が産んだ子供と、側室の産んだ子の

●応仁の乱の対立関係図

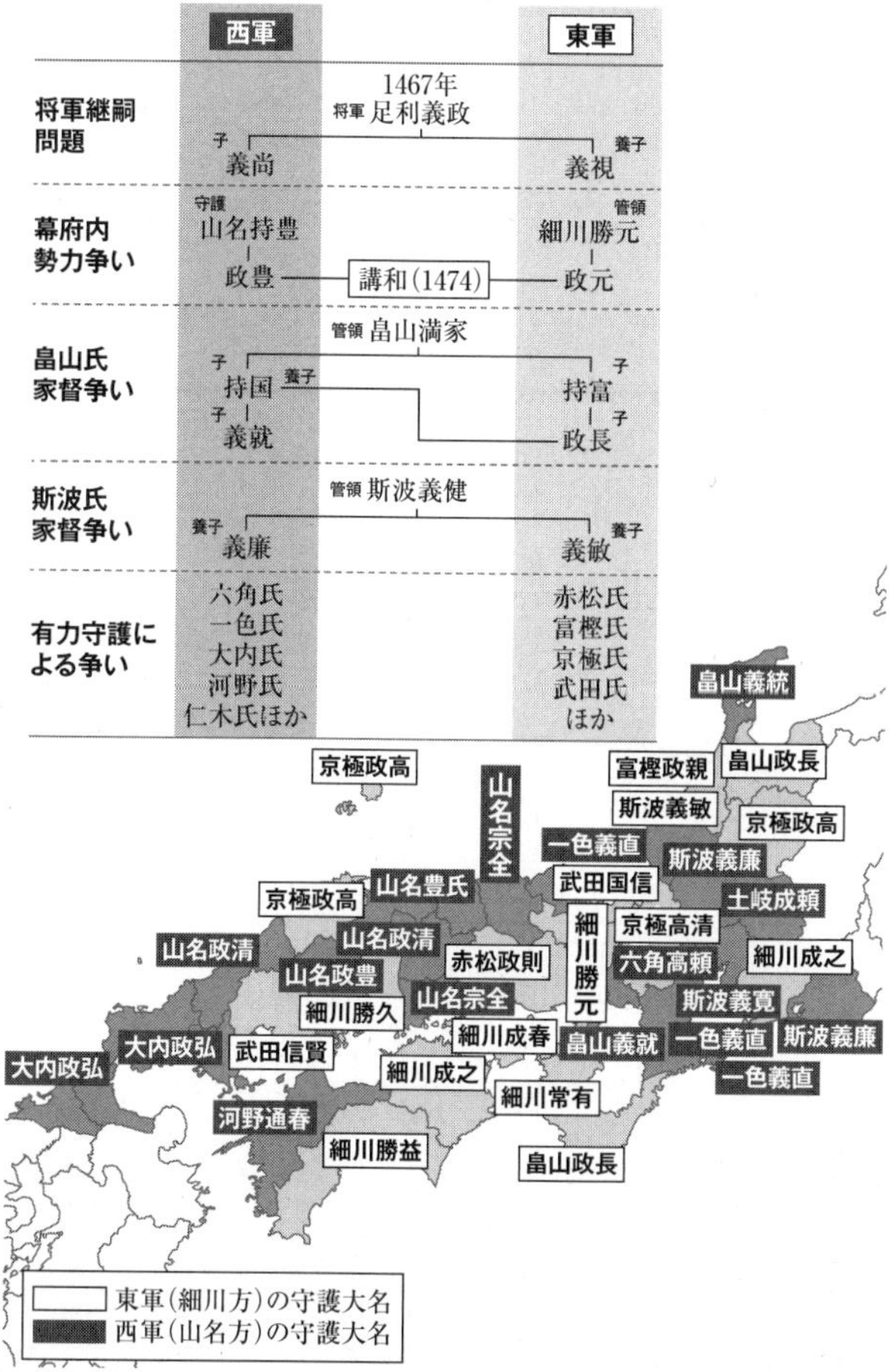
西軍
東軍
将軍継嗣問題
1467年
将軍 足利義政
子 義尚
養子 義視
幕府内勢力争い
守護 山名持豊
政豊
講和(1474)
管領 細川勝元
政元
畠山氏家督争い
管領 畠山満家
子 持国
養子
子 義就
子 持富
子 政長
斯波氏家督争い
管領 斯波義健
養子 義廉
養子 義敏
有力守護による争い
六角氏
一色氏
大内氏
河野氏
仁木氏ほか
赤松氏
富樫氏
京極氏
武田氏
ほか
畠山義統
京極政高
山名宗全
富樫政親
畠山政長
斯波義敏
京極政高
一色義直
斯波義廉
武田国信
土岐成頼
山名豊氏
京極政高
細川勝元
京極高清
山名政清
山名政清
赤松政則
六角高頼
細川成之
山名政豊
斯波義寛
細川勝久
山名宗全
細川成春
畠山義就
一色義直
斯波義廉
一色義直
大内政弘
大内政弘
武田信賢
細川成之
細川常有
河野通春
細川勝益
畠山政長
東軍(細川方)の守護大名
西軍(山名方)の守護大名

間で、どちらが家を嗣《つ》ぐか、争いが生じることが多々ありました。

正妻の子が年長の場合はまだいいのですが、側室の子の方が年長の場合、ちょっと問題でした。なぜなら、それでも正夫人の子が跡継ぎになるのが普通だったからです。

しかしそうなれば、当然、側室の産んだ年長の子は面白くありません。「自分の方が年上なのに、なんであいつが跡継ぎになるんだ」と思うからです。

こうした各大名家が潜在的に抱える相続争いが、将軍家の家督争いに連動しました。

どういうことかというと、たとえば、ある大名家が東軍（細川）に味方したとしましょう、すると相続に不満を抱えていた側室の子が、自分の味方とともに西軍（山名）に味方するのです。そして西軍の大将に、「私が国内で反乱を起こし、今東軍に味方している弟を追い払って、私が当主になります。そうしたら私を正当な大名として認めてください」と内々に約束を取り交わすのです。

当然、西軍の大将は、それが実現すれば、敵方の大名が減り味方の大名が増えるわけですから、「よし、認めよう」ということになるわけです。

こうして全国が争乱の巷《ちまた》になっていったのです。

これが、「戦国時代」の始まりです。

第一章のまとめ

- 足利尊氏は何でも気前よく部下にあげてしまう人物でした。しかし、この無欲さと優しさこそが、室町幕府をダメにした根源だったのです。
- 歴史的には信長の行った比叡山焼き討ちが有名ですが、実は信長のやったことは、足利義教の真似だったのです。
- 「戦国時代はいつから始まったのか？」という問いの答えは、「義教が殺された時から」と言えるでしょう。
- もし義教の時代がもっと長く続いていれば、室町幕府は弱い幕府などではなく、ものすごく強い幕府になっていた可能性があったのです。
- 応仁の乱を招いた張本人は誰か、誰が一番いけなかったのかと言うと、これはもう間違いなく足利義政です。彼の優柔不断が乱を起こしたのです。
- なぜ将軍位をめぐる争いが全国的争いに拡人してしまったのか。それは、どの大名家も相続争いを抱えていたからです。

第二章

戦国大名たちへの誤解と真実

今の常識と昔の常識で歴史を見る

◇守護大名と戦国大名の違いとは？

室町幕府が任命した正式な大名が「守護大名」です。

これに対して、正規の大名である守護大名を勝手に追い払うなどして土地を乗っ取った、いわゆる成り上がりの領主を「戦国大名」と言います。

たとえば、室町前期における越前国《えちぜんのくに》（福井県嶺北部《れいほく》）の守護大名は斯波氏《しばし》でした。しかし、やがて現地の有力者であり守護代に任じられていた朝倉氏《あさくら》が、斯波氏を追い出して土地を乗っ取っています。ですから、朝倉氏は戦国大名です。

第一章でも述べましたが、室町時代は大大名が多くいました。斯波氏も大大名の一つです。

大大名の領国は一つではありません。斯波氏で言えば、領国は越前国の他、尾張国《おわり》も領土でした。

ただでさえ広大な領土を治めるのは大変なことなのに、守護大名は、将軍のいる京を離れることができませんでした。江戸時代の大名屋敷は江戸にありましたが、室町時代の大名屋敷は京にありました。つまり室町時代は、京に朝廷も将軍御所《ごしょ》も、大大名の屋敷もあ

●1493年頃の勢力図

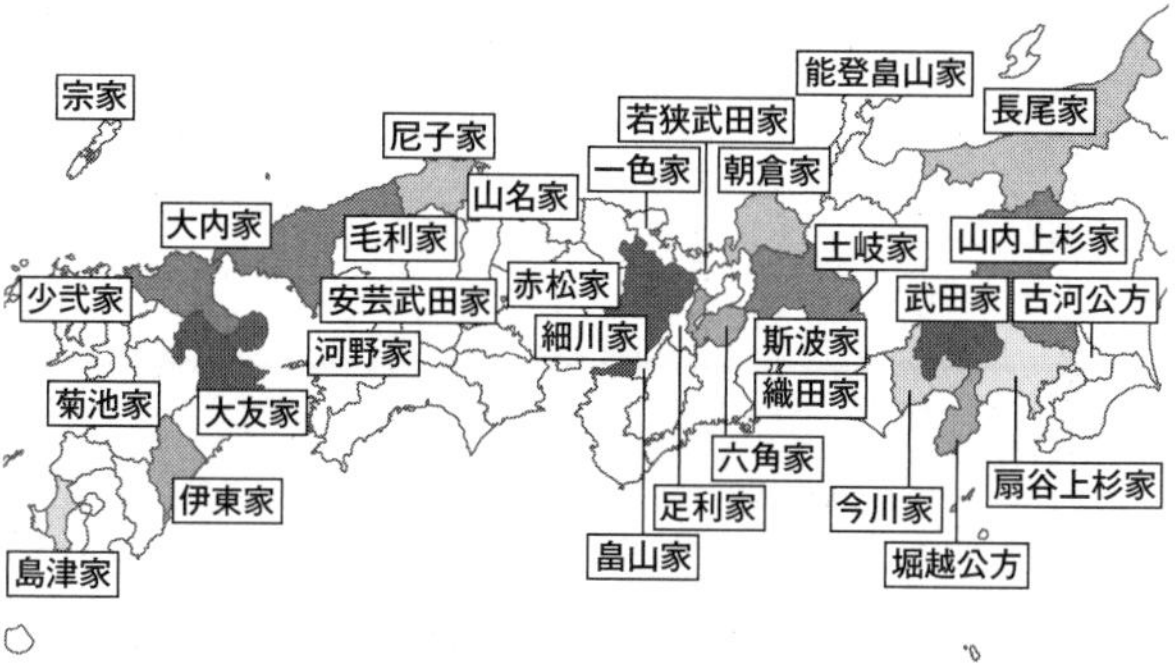

ったわけです。

政治闘争などもあり、守護大名は京を離れることができません。そこで領地のことは、地元の豪族を守護代に任命して実務を任せていたのです。その守護代が、越前国の場合、朝倉氏であり、尾張国では織田氏でした。

織田氏も朝倉氏と同じように斯波氏を追い払って尾張国を乗っ取ります。ちなみに、後に織田信長と朝倉義景《よしかげ》は対決しますが、もとを質《ただ》せば双方とも斯波氏の守護代出身なのです。正確に言えば、織田信長の家は、守護代・織田家の家老の家です。ですから、同じ守護代出身と言いましたが、実は信長の家は朝倉氏よりも一段格下、守護大名と比べると二段ぐらい下のところから成り上がったと言えます。

こうして下の身分の者が上の人を追い払い、権力を奪うことを「下剋上《げこくじょう》」と言うわけです。

戦国時代の大名は、基本的には、この「由緒《ゆいしょ》正しき守護大名」と「成り上がり戦国大名」の二つに大別されるのですが、現実はもう少し複雑です。

なぜなら、成り上がった戦国大名が室町幕府に取り入り、正式な大名、つまり「守護」に任命してもらうケースや、もともと守護大名なのに、他国を乗っ取り戦国大名としてのカラーを強くしていった大名もいたからです。後者の典型が武田信玄です。

武田家は甲斐《かい》国を任された、れっきとした守護大名です。しかし武田家は、世の中に下剋上の風潮が広がる中、自国を乗っ取られないために、そしてあわよくばこの機に自国を拡大しようと、軍事的強化を計り、戦国大名化していきました。私はこういう大名を「守護大名から戦国大名に成長した大名」と言っています。

ちなみに、ここで言う「成長」とは、他国に負けない軍事力の整備、あるいは、その軍事力を可能にする経済力の整備ということです。

◇戦国大名に関する大きな誤解

ここで、多くの人が抱いている戦国大名についてのある誤解を解いておきたいと思います。

多くの人が抱いている戦国大名のイメージとは、次のようなものではないでしょうか。

「天下、麻のごとく乱れた戦国の世。諸国の大名はみな一刻も早く上洛《じょうらく》して、天下に覇《は》を唱え、天下人になろうと、虎視眈々《こしたんたん》とその機会を狙《ねら》っていた」

一昔前の時代劇で、よく使われていたナレーションです。

このナレーションのどこが「誤解」だかおわかりでしょうか?

このことはれっきとした歴史学者の先生の中にも誤解している人がいるのですが、実は、**戦国大名はみんながみんな天下取りを狙って戦っていたわけではない**のです。

確かに、戦国時代はいろいろな大名がしのぎを削る群雄割拠の世の中でした。それは間違いのない事実です。あちこちで下剋上があり、うかうかしていると、すぐに領土を侵略されてしまいます。

しかし、だからといって、みんなが天下を目指していたかというと、決してそんなことはなかったと私は思います。信長以外の戦国大名は、自分の領土を広げることを目的とした、あくまでも地域戦、私戦なのです。

このように言うと、「でも、織田信長は天下を目指したし、信長亡き後は、秀吉と家康が天下人の座を争ったじゃないか」と言う人がいます。

そうなのです。実は、**多くの人が誤解してしまった最大の原因は、信長が天下取りを目指し、ほぼそれを成し遂げてしまったから**なのです。

人間というのは、一度誰かができてしまったことは、「きっと他のみんなも同じことを考えていたんだろう」と思ってしまうものです。だから、信長や秀吉の姿を見て、きっと他の大名もみんな天下を目指していたに違いない、と思ってしまったのですが、それは大きな誤解です。

特に、信長以前の戦国大名は、おそらく「天下」など考えたこともなかったと思います。「天下取り」というのは、織田信長の発明なのです。

ですから信長以前の戦国大名たち、たとえば北条早雲《ほうじょうそううん》や斎藤道三《どうさん》、今川義元《よしもと》などは、天下など考えていませんでした。

ではなぜ、信長以前の大名たちは「天下取り」という発想に至らなかったのでしょう。

それは、「身分が違う」という意識があったからです。

今は、誰も身分ということを言いません。「身分が違う」などと言ったらそれこそ叱られてしまうでしょう。でも、それは明治以降のこと、いや、正確には昭和二十年（一九四五）以降、つまり戦後のことです。それ以前の日本には、身分意識というものが付いてまわっていました。

これが「歴史を見る」ときのとても大切なポイントなのですが、昔と今とでは常識が違うのです。**当時の常識を踏まえて考えなければ、歴史の真実は見えてきません。**

戦国時代は政治的に言えば室町時代です。ですから、武士の中で最も身分が高いのは足《あし》利《かが》将軍です。その次が、幕府が正式に認めた守護大名と言われる人たち。中でも源氏の血を受け継《つ》ぐ守護大名は、源氏ではない守護大名より一段身分が高いとされていました。たとえば今川氏や武田氏などがそうです。

そして、**こうした「身分」を飛び越えて、大名が将軍になることは絶対にできないというのが、当時の常識だったのです。**

そうは言っても、「実際には力で守護大名を追い出して、格下の守護代が戦国大名になっているじゃないか」と言われるかも知れません。

確かに、たまたま成り上がりの戦国大名が、一〇万ぐらいの大軍を動かすことができれ

Point

戦国大名の戦いは、すべて「私戦」。「天下取り」とは信長のみの発想だった！

ば、周囲の大名たちを押し破って上洛することはできたかも知れません。

でも、そうして上洛し、将軍を屈服させ、天皇を脅《おど》して「俺を将軍にしろ」と言ったとしても、上手《うま》くいかなかったと思います。なぜなら、まず天皇家が認めないからです。

おそらく、天皇はこう言うでしょう。

「あなたは、源氏ですか？」

そもそも征夷大将軍には平氏ではなれません。源氏でなければ就《つ》けない職なのです。仮に源氏であったとしても、源氏にもピンからキリまでいます。そして、身分の低い源氏の場合「あなたの身分では将軍にはなれません。身分が低すぎます」と言われてしまうでしょう。

それでも力で押し切ったら、もしかしたら将軍になれたかも知れません。でも、そんな無理矢理将軍にしてもらった人を認め、敬意を払い従う大名はいません。

そして、世間では「偽《にせ》将軍」と言われてしまうのです。

当時の戦国大名たちはそのことがよくわかっていたので、誰も自分が新たな将軍になって天下を牛耳《ぎゅうじ》ってやろう、などという野望は抱かなかったのです。

戦国時代は下剋上が横行する、一見すると上下関係が崩壊した社会のように見えますが、実際には越えられない「身分の壁」というものがあったのです。

◇信長の「天賦《てんぷ》の才」は身分の差をも乗り越えた

身分意識というのは、社会にある一定の秩序をもたらしますが、同時にものすごい差別意識を伴います。

織田信長は「大名」には違いないのですが、織田家は父親の代までは大名ではありませんでした。先述したように織田家はもともと斯波氏という守護大名の補佐役「守護代」を勤める織田家という家の家老でした。つまり、信長の出自は、多くの戦国大名に見られる守護代の家ですらないのです。

信長の父・織田信秀《のぶひで》は、まずは主家である守護代の織田家を乗っ取り、次に守護大名の斯波氏を追い払って、尾張半国ほどの大名になったのですから、典型的な成り上がりです。守護大名と比べると、身分的には一段どころか、二段も三段も格下、ということになります。

そのため信秀は最初は官位すらありませんでした。後に上洛した際、朝廷にお金を支払って官位をもらったりしていますが、それでも「従《じゅ》五位下」というほかの守護大名たちの官位と比べればはるかに下の位です。

当時の人たちは、こうした身分というものにとても敏感なので、信長が台頭し、天下を目指すと公言したとき、多くの大名が「なんでおまえのような身分の低い者が天下を取れるんだ？」と言って嘲《あざけ》っています。

身の程知らずのおおうつけ。当時の人々は、そう思っていたのです。

では、そんな時代に、信長はどのようにして「身分の壁」を乗り越えたのでしょう。

実は、このとき信長が利用したのが、室町幕府最後の将軍「足利義昭《よしあき》」だったのです。お金と軍事力を手にした信長は、まず足利将軍家の一族である義昭という人を自分の保護下に置きました。そして、義昭をバックアップして将軍の座に就けることで、義昭の信頼を勝ち取ります。

実際、義昭は将軍になった当初は、信長にとても感謝しています。何しろ、血筋は良くても、当時の義昭は流浪の身の上だったからです。

ところが、義昭と信長の仲は次第に険悪なものになっていきます。

義昭は将軍になると、信長への感謝をこめて「お前を副将軍にしてやろう」と言いました。信長の身分の低さを考えると、これは破格の取り計らいです。しかし、信長はこの申し出を頑《かたく》なに辞退します。義昭は信長が辞退した当初は「こんな謙虚な男はいない」と思ったようです。でも、やがてそれは間違いだったと気づきます。

信長が義昭の申し出をことごとく断ったのは、**なまじ副将軍になって室町幕府の公式の組織の中に身を置いてしまったら、身動きが取れなくなるからだった**のです。

実際、信長はあくまでも黒幕として実力を蓄《たくわ》えていき、そして誰もが、信長という男は田舎《いなか》大名だけどなかなかすごい人物じゃないか、と思うようになってきたときに、義昭を切っているのです。

しかも、その切り方というのが上手い。

というのも、信長は、義昭を切るにあたり、より身分の高い天皇を利用しているのです。

まず、将軍より天皇のほうが身分が上だということを明確にし、その天皇に対して義昭は不忠であるという口実で追い払っているのです。

ここからは推測ですが、おそらく信長は、天皇という至高の身分も、何とか後付けの身分で超えようとしていたのだと思います。

しかし、信長の計画は本能寺の変で挫折します。

信長の死後、豊臣秀吉が天下人への道を歩むことになるわけですが、身分という点では、秀吉は信長よりもさらに下です。秀吉が源氏ではないことはもちろん、農民の出身であることは誰でも知っていました。

そんな中で、秀吉はどうしたら身分の壁を乗り越えられるか考えます。

そして、考えたあげく秀吉が選んだのは、「藤原氏の養子になり、関白の地位に就く」ということでした。

関白になった時点で、秀吉は豊臣という姓をいただいて、そして藤原氏に対抗して関白を継《つ》げる家柄だということにしてしまいます。

これは目新しい方法のように思うかも知れませんが、前例があります。たとえば、藤原氏の初代とされる藤原鎌足《かまたり》は、もともとは中臣《なかとみ》鎌足でした。

姓というのは苗字とは違い、DNAがどこに所属するかということを示すものです。

その「姓」を新たに賜《たまわ》るということは、それまで属していた姓、鎌足の場合なら「中臣」氏から独立し、自由に振る舞えるようになったということなのです。

そういう意味では、信長も秀吉も「身分の壁」を乗り越えましたが、信長が前人未踏のことを成し遂げたのに対し、秀吉は先人の知恵を借用しているのですから、まったくスケールの違うことなのです。

それに、そもそも秀吉が天下人を目指すことができたこと自体、すでに信長がその道を八割方作り上げてくれていたからこそできたのです。

そういう意味では、**信長という人は、他の戦国武将とは一線を画《かく》した存在、それまで誰**

も考えつかなかったことを思いつく能力とともに、そのアイデアを現実にするための実行力も持っていたまさに「大天才」なのです。

◇斎藤道三と息子・義龍《よしたつ》の出自の秘密

大天才・織田信長の前と後では、戦国大名の意識は大きく違います。

信長以前の大名にとって身分の壁は絶対的なものでした。

信長の義父としても知られる戦国大名、「美濃《みの》の蝮《まむし》」と恐れられた斎藤道三にもそのことをうかがわせるエピソードが伝わっています。

斎藤道三は、一時期は一代で成り上がった戦国大名と言われていました。京の法華宗《ほっけしゅう》の僧侶だったのが、美濃国に流れてきて一代で国を取ったという伝承は、司馬遼太郎さんによって『国盗り物語』という小説にもされています。

しかし、残念ながら、最近発見された信頼性の高い古文書によって、道三は美濃国で武家の有力者の子として生まれたということが判明しました。その道三の父親がどうも京から流れてきた人だったらしいのです。ですから、道三の「国盗《くにと》り」は、彼一代ではなく、親子二代にわたるものだったようです。

その斎藤道三の息子が斎藤義龍《よしたつ》ですが、実は彼、道三の実の息子ではないという説が昔から有力視されています。

どういうことかというと、これは道三の国盗りと深く関わっています。

室町幕府が任命した美濃国の正式な国主《こくしゅ》、つまり守護大名は武士の名門、源氏の一族である土岐《とき》氏でした。源氏ですから、守護大名の中でも高い身分です。

その名門・土岐氏から、身分の低い道三親子はどのようにして美濃国を奪ったのでしょう。

一つには、道三親子が軍事司令官として優秀だったということが挙げられます。ちなみに、織田信長の父・織田信秀は何度も道三に戦いを挑《いど》んでいますが、道三はこれをすべて、ただの一度も負けることなく撃退しています。やはり**この時代は、戦争に強いということは人々の信望を集める上で、非常に重要なことでした。**

しかし、いくら戦いに強くても、いかんせん身分が低い。軍事を任せるのはいいが、美濃国の守護となると話は別です。

そこで斎藤道三親子は、土岐家に内紛を起こし、それに乗じて自分の力を強くしようと考えます。具体的に言うと、まず、時の美濃守護・土岐政房《まさふさ》の嫡子《ちゃくし》・政頼《まさより》（頼武《よりたけ》）と次男・頼芸《よりなり》の間に跡目《あとめ》争いを起こさせます。

斎藤道三(常在寺蔵)

どこの家でもそうですが、後から生まれたというだけで兄と差がつけられるのは腹立たしいものです。そんな弟の心理を道三親子は利用したのでしょう、「お兄さんよりあなたの方が優秀で、美濃国の守護にふさわしい」などと言って、言葉巧《たく》みにその気にさせたのかも知れません。

やがて跡目争いは白日のものとなり、道三の父・長井新左衛門尉《しんざえもんのじょう》が擁立する頼芸と斎藤利良が擁立する政頼の両者は武力衝突に至ります。

実はこの戦いでは、頼芸が敗れ、兄・政頼が守護の座を継いでいます。

しかし、あきらめきれない道三は、再び頼芸による政権奪取を目指し挙兵、今度は政頼追放に成功します。

功労者である斎藤道三は、こうして土岐家一の実力者に出世します。

地位を得た道三は、次第に自分の名前で税金を集めたり兵士を集めたりと、自分の権力を強化していきました。

こうして力を蓄えた道三は、満を持して主君である頼芸の追い出しを決行します。

しかし、ただ追い出しただけでは人心はなびきません。道三には勝算がありました。それこそが義龍の存在でした。

道三の跡継ぎである義龍は「深芳野《みよしの》」という側室が産んだ子供なのですが、道三の側室になる以前は、頼芸の愛妾でした。

女性には気分の悪くなるような話だと思いますが、昔は主君の愛妾を家来が褒美にもらうということはめずらしいことではありませんでした。

いきさつについては、小説ではいろいろと脚色されていますが、実際にはどういう経緯だったのかはよくわかっていません。おそらく、道三が手柄を立てたときに、深芳野を望み、頼芸が与えたのだと思います。

そして、道三のもとに来た深芳野は月足らずで男の子を産みました。それが義龍です。するとまもなく、誰言うともなく噂が広がります。

「あの義龍様というのは道三様のお子になっているけれども、本当は頼芸様と深芳野様のお子ではないか」という噂です。つまり、深芳野が道三の側室になったとき、すでに頼芸の子供を妊娠していたのではないか、ということです。

この噂はまもなく国中に広がります。もしかしたら、道三自身がこの噂を広めた張本人かも知れません。

なぜなら、道三は頼芸を追放したとき、次のような言葉を言っているのです。

「わしには男の子がいない。だからこの義龍を跡継ぎにする。義龍が誰の子であるか、おまえたちはわかっておろうな」

この言葉の背景にあるのは、わたしの跡継ぎは国主にふさわしい身分の出なのだから、今は私に国を預けよ、ということです。

戦国大名には力が必要不可欠です。戦争に負けてしまったら城も領地も首も取られてしまうからです。その国の人々にとっても、リーダーが弱いのは困ります。しかし「身分」というものがあるので、いくら強くても国主として仰《あお》ぐには抵抗がある。

かといって、身分的には申し分のない頼芸は、坊ちゃん育ちで戦争になったとき勝てそうもない。

どうするものか、人々が悩んでいたとき、「噂」が流れ、道三が頼芸を追放するとともに、噂を承認するような言葉を発したことで、「まあ、道三一代のことなら」ということで、国内の不安が収まったということなのです。

◇斎藤道三も「身分の壁」は越えられなかった

ところが、しばらくして道三と別の女性の間に男子が生まれます。

ちなみにこの女性は、後に本能寺の変を起こす明智光秀《あけちみつひで》の妹だという説があります。本当に妹かどうかはわかりませんが、明智家から来た女性だということは間違いありません。

女性の実家である明智家は当然、その子を跡継ぎにするよう求めます。道三と明智家の繋《つな》がりは深く、道三の正室も明智家の人間でした。

道三にとっても、その子は間違いなく自分の子供です。家臣の中にも道三の実子を跡目に推《お》す人たちが現れます。こうして、国内が二つに分かれてしまいました。

明智家を中心とした道三の本当の子供を跡継ぎにすべきだという一派と、いや、道三はそもそも身分の低い成り上がり者なのだから、身分の高い土岐家の血を引く義龍を当主にすべきだという一派です。

結局、対立は武力衝突に発展します。

実はこの争いが起きたとき、織田信長は、すでに斎藤道三と正室との間に生まれた娘・帰蝶《きちょう》（濃《のう》姫）を妻に迎えていました。ちなみに、道三の正室は明智光秀の伯母に当たるので、帰蝶と光秀はいとこ同士に当たります。

織田信長と帰蝶の縁組みは、信長の父の申し入れを道三が受ける形で決まったとされています。信長の父・信秀は何度戦っても勝てないことから、道三を敵にするのではなく、同盟を結ぶことで、自分が死んだ後も息子が攻められないようにしたのです。

斎藤道三の娘は、よくテレビドラマなどでは「濃姫」と呼ばれていますが、これは単に

「美濃国から来た夫人」という意味で、正式な名前は「帰蝶」です。これは古い時代の本に記録が残っているので、まず間違いありません。

美濃が道三派と義龍派に二分されたとき、その勢力はなんと、九対一で義龍が優勢だったと言われています。**この数字も、いかに当時の人々の身分意識が強かったかを示しているると言えるでしょう。**

このとき信長は、舅《しゅうと》と婿《むこ》という関係もあり、道三に援軍を送ろうとしますが、当時の信長はまだ尾張のすべてを掌握《しょうあく》していない段階です。とても、義龍軍に対抗するだけの力はありませんでした。明智一族が味方したものの、道三は討ち死に。その結果、美濃国は義龍が掌握、敵対した明智家は没落。明智光秀は浪人になってしまいます。

この後、義龍は信長にとって最初の強敵となります。

信長が都に上るためには、どうしても美濃を通らなければならないのですが、義龍がデーンと構えて頑張っているために身動きが取れない。実際、信長は、桶狭間《おけはざま》の戦い（一五六〇年）に勝ってから美濃国を落とすまで（稲葉山《いなばやま》城落城は一五六七年）七年の歳月を費やしています。

しかも、信長が美濃国を落とすことができたのは、強敵・義龍が三十五歳という若さで病死（一五六一年）してくれたおかげと言えるでしょう。なぜなら、義龍の跡を継いだ息

斎藤義龍（常在寺蔵）

子の龍興《たつおき》は、信長にとっては幸いなことに、斎藤家にとっては不幸なことに、あまり優秀な人間ではなかったからです。こうして、信長はようやく稲葉山城を攻略することができたのです。

ちなみにこのとき、降伏した龍興を信長は、命を救って放免しています。龍興は敵の大将なので、普通であれば首をはねるところなのですが、信長は道三の孫であるからと言って（本当に血を引いているかどうかはわからないのですが）許したと言われています。

◇「木綿」が変えた戦国勢力図

さて、信長以前のほとんどの戦国大名が天下を目指していなかったのだとしたら、彼らは何のために戦っていたのでしょう。

一言で言うなら、「自分の国を守るため」です。

戦国大名たちは、みな、ほかの戦国大名に負けないような国づくりに必死に取り組んでいました。自分たちの力で国を守らなければ、誰も守ってくれないからです。

では、国を守るために何をしたのでしょう。

具体的に言うと、軍事力の整備です。軍事力がなければ周囲の国々に攻め込まれ、国を乗っ取られてしまうからです。

そして、国の生命線である軍事力を支えるのが経済力です。ですから戦国大名は、経済力と軍事力、この二つを同時に拡大していくことに必死で取り組んでいたのです。

軍事力を可能にするためには経済力の整備が必要不可欠です。

当時の経済力の基盤は農業生産です。そこで、戦国大名たちは、それまで水不足のために放置されていた可耕地《かこうち》（田んぼにすることは可能だが、水がないので水田にできなかった土地）を大規模に開発して、生産力を有した土地を増やしました。

戦国時代は競争社会です。どこの国も隣国に負けないように、それまで全然耕さなかったところまで耕して、米の収穫高アップを目指します。収穫高が上がれば上がるほど人口を増やすことができます。人口が増えれば、それだけ戦力の増加に繋がるからです。

つまり、**可耕地の開発は、経済力アップと軍事力アップ、どちらにも大きなメリットがあった**のです。

もちろん戦国大名が注目したのは米の生産だけではありません。他にも様々な特産品の開発にも力を入れています。たとえば、当時、生産に力が入れられたものの一つに、尾張、三河《みかわ》地方の「木綿」があります。

もともと日本には木綿はありませんでした。インドの特産品だった「木綿」が中国を経由して日本に入ってきたのが、ちょうど室町時代なのです。それまで日本には綿でできた着物はありませんでした。

　では何を着ていたのかというと、麻や苧《からむし》です。絹も存在していましたが、非常に高価で日常的に使えるものではありませんでした。

　苧は、イラクサ科。英語では「ラミー」と言います。日本を含む東アジアに広く自生《じせい》する植物です。日本人は、繊維を取るために、古くから栽培していました。苧を用いた織物は、今でも「越後上布《えちごじょうふ》」などに見ることができますが、今ではほとんど使われなくなっています。

　苧で織った布は、肌触りがガサガサとあまり良くありません。それに対し、木綿はしっとりと柔らかく、夏は汗を吸収してくれ、冬は暖かく肌触りもいい。当時の人々が木綿に飛びついたのも無理ありません。

　木綿は、最初輸入品でした。それが国内で人気が高まるとともに、国内での綿花《めんか》栽培が進み、純国産の木綿製品が出回るようになっていきました。それがちょうど戦国時代だったのです。そして、その国産綿花の圧倒的な産地が、あまり知られていないのですが、温暖な尾張、三河地方だったのです。

　ちなみに苧は寒さに強いので、日本の一大生産地は越後など北の地域でした。越後と言えば上杉謙信です。これから何がわかるのかというと、それまで日本の織物市場を席巻《せっけん》していた苧が木綿に取って代わられることで、信長・家康の経済力が大きく伸び、一方、苧の産地だった越後の上杉謙信の経済力は低下していったということです。

戦国時代には、このような直接に刃《やいば》を合わせるのではないところでも、しのぎを削る戦いが繰り広げられていたのです。

◇信長以前の戦国大名①　北条早雲

信長以前の戦国大名は、もちろんのことですが、領土争いを厭《いと》わず、と言うか、むしろ喜んでやっています。自国の領土が広がれば、それだけ自国が豊かになるからです。

つまり彼らは、**自国の領土を少しでも広げようと隣の国を取ることには非常に熱心だったけれど、天下取りのプランの一環として領土争いをしている者は実は誰もいなかった、**というのが私の考えなのです。

そんな信長以前の戦国大名の典型的な人物が、北条早雲です。北条早雲は戦国大名第一号と言われています。

北条早雲は「北条」を名乗っているので、鎌倉幕府で執権《しっけん》を務めた北条氏の一族と勘違いされることがあるのですが、早雲は北条執権家とはまったく関係ありません。そのため、混同を避けるため学者は、早雲の北条氏には「後」の一字をつけて「後北条氏《ごほうじょうし》」と呼びます。

ちなみに、現在の学問の世界では「北条早雲」という呼称は使わず、「伊勢宗瑞《いせそうずい》」を使います。なぜこんなややこしいことになったのかというと、北条早雲の出自は諸説紛々《ふんぷん》、いまだによくわかっていないからです。本名もわからないのです。諸説ある中で、現在最も有力視されているのは、京都の伊勢氏出身説です。彼が「伊勢氏」の出身であったことだけは間違いないことがわかっています。それでも、早雲の父母を確定するところまでは至っていません。

ではなぜ今まで「北条早雲」と呼ばれていたのかというと、もともとは伊勢氏だったのですが、中央から流れてきて、戦国大名に成長し、その後、早雲の跡を継いだ息子の氏綱《うじつな》が、関東では「伊勢」より「北条」のほうが通りがいいということから「北条」を名乗るようになったからです。

こうして、後北条家の初代だからということで「北条」、名は本名がわからないので、号として使っていた「早雲」を用い、「北条早雲」と呼ばれることになったのです。

しかし、学者たちは、早雲が生きていた時代「北条」は名乗っていないのだからこの名

北条早雲（早雲寺蔵／写真提供：箱根町立郷土資料館）

はおかしい。当時はまだ「伊勢」を名乗っていたはずだし、名前も早雲とは言っていなかっただろうということになりました。北条早雲ではおかしい、とはいうものの、本名はわからないので、学者は墓石に彫ってあった戒名《かいみょう》「早雲寺殿天岳宗瑞《そううんじでんてんがくそうずい》」から、最後の二字をとって「伊勢宗瑞」とすることにしたのです。

なぜ頭の二字「早雲」ではなく最後の二字「宗瑞」を用いたのかというと、通常、戒名を略す場合は最後の二字が用いられるからです。

私個人としては「北条早雲」のままでもいいと思うのですが、とにかく最近の流れでは「伊勢宗瑞」が使われるようになっているので、憶《おぼ》えておくといいのではないかと思います。

◇戦国大名第一号「早雲」の登場

さて、北条早雲こと伊勢宗瑞が亡くなったのは永正《えいしょう》十六年（一五一九）。一説では八十八歳という長寿でした。ちなみに、これは関ヶ原の戦い（一六〇〇年）の八十一年前ですから、早雲が亡くなったときは、戦国の三英傑はまだ誰も生まれてもいませんでした。

現在、伊勢氏の系図というのは、そのほとんどが明らかになっているので、早雲の父母の名前が確定すれば、伊勢氏の家系図における北条早雲の位置を確定することができるのですが、まだわかりません。

出自がなかなかわからないのは、おそらく長男ではないからだと思います。そもそも長男であれば地方に流れてきたりはしません。つまり、**京都の伊勢氏の次男坊以下に生まれ、そして一旗揚げようと関東地方に下ってきた**、ということなのだと思います。

早雲が歴史の表舞台に登場するのは遅く、文明《ぶんめい》八年（一四七六）、早雲四十五歳の時です。当時は今と違い「人生五十年」と謳《うた》われた時代です。本来なら隠居生活に入ってもおかしくないぐらいの高齢です。

早雲の運命を大きく変えたのは、駿河《するが》今川家の家督《かとく》争いでした。

この年の二月、駿河の守護・今川義忠《よしただ》（今川義元の祖父）が塩買坂《しおかいざか》の戦いで戦死、これにより家督相続をめぐる内紛が生じます。早雲は、この戦いで甥《おい》に当たる龍王丸《りゅうおうまる》（後の氏《うじ》親《ちか》／義元の父）を支持、敵対する小鹿範満《おしかのりみつ》支援のために扇谷《おうぎがやつ》上杉定正《さだまさ》から派遣されてきた太田道灌《どうかん》と出会い、最終的にはこの両者が中心となって調停を成功させ、内紛を収拾しているのです。

なぜ、無名の早雲が、名門今川家の家督争いの場に登場したのでしょう。

実は、この辺もはっきりとはしていないのですが、早雲の妹が龍王丸を生んだ母親だったからだと見られています。

早雲の妹ということであれば、今川義忠の愛妾だったとしても身分は高いとは言えません。その妹が幼い子供を抱え、夫を亡くしたのです。今川家に強力な後ろ盾《だて》になってくれる人物もない妹は、兄を頼ったのだと思われます。

「お兄ちゃん、何とかして」と。

これは早雲にとってもチャンスでした。長男ではない彼は、このまま都にいても兄の世話になるだけで一生うだつが上がらないまま終わるのは目に見えていました。

そこで、妹を助けるという名目のもと、関東に行ったのだと思います。「もしも、龍王丸が今川家の家督を継げるよう頑張れれば、ひょっとしたら俺も道が開けるかも知れない」、おそらく早雲はそんな思いで、関東へ下ったのだと思います。

早雲の甥・龍王丸と家督を争ったのは小鹿範満。「小鹿」を名乗っていますが、今川家の人間です。

当時も、基本的には長男が家督を継ぎました。そして、長男が家督を継ぐと他の兄弟は遠慮して本家とは違う苗字を名乗りました。今川家も外に対して「今川」を名乗れるのは当主と、その息子までです。当主の兄弟は、多くの場合、居住地の地名をそのまま苗字として使いました。ですから小鹿範満は、おそらく「小鹿」という土地を領有していたのだと思います。

今川本家に直系の嫡男《ちゃくなん》がいるのに相続争いが起きたのは、龍王丸がまだ幼かったからです。

平和な時代なら、当主は子供でも家臣が支えれば何とかなりますが、戦国時代では当主に力がなければ生き残れません。好機とばかりに近隣諸国が攻め寄せてくるからです。

このときも、幼い龍王丸を跡継ぎにしたら、今川家はもたない、それならば、本家ではないが、一族の範満を当主とした方がよほどいい、という意見を持つ者が出て、争いが起こったわけです。

◇文武両道の名将・太田道灌を派遣する

室町時代、関東周辺でもめ事があると、関東管領が仲裁に入るということになっていました。

室町幕府には、将軍を補佐する役職として「管領」というものがありました。管領は幕政の重職なので、将軍とともに京にいました。

この京の「将軍・管領」と同じように、武士の本拠地である鎌倉府にも鎌倉公方《かまくらくぼう》とそれを補佐する「関東管領」という役職が置かれていました。

京の管領は、斯波《しば》、細川、畠山《はたけやま》という三つの家が交代で職に就いたため「三管領《さんかんれい》」と呼ばれました。関東管領は当初は上杉と斯波の二家が担っていましたが、やがて上杉氏に独占されるようになっていきました。

しかし当時、この関東管領・上杉氏も系統の異なる二家の間で内紛を起こしていました。

この二家は、それぞれの主な屋敷のあった場所をとって、一つを「扇谷上杉家」、もう一つを「山内上杉家《やまのうち》」と呼びました。

今川家の内紛が起きた当初、鎌倉公方から調停を命じられたのは、扇谷上杉家の上杉定正という人物でした。しかし、この人は偉い人なので、自分は動かず、さらに自分の部下である太田道灌という男を派遣してきました。

太田道灌というのは、最初に江戸城をつくったことで知られる人物です。今でも皇居には道灌堀という、太田道灌が築いた堀が残っています。

江戸城というのは、のちに徳川家康の居城になって天下を治める城になりますが、この時代の江戸というのは田舎の寒村でした。

太田道灌は和歌の名手としても知られています。

和歌というと貴族のものというイメージがあるかも知れませんが、必ずしもそうではありません。特に都の上流社会では、和歌は共通語のようなもので、明智光秀などは和歌が上手かったので、朝廷と信長をつなぐ外交官のような仕事ができたと言われています。

道灌は、最初は無骨《ぶこつ》なだけの武士でしたが、和歌を学ぶようになって人間性が磨かれたとされています。

太田道灌については、面白いエピソードが伝わっています。

道灌が江戸城の近くで鷹狩りをしていたときのことです。急な大雨に降られて、近くの農家で蓑《みの》（藁《わら》でつくった雨具）を借してくれと頼みます。

すると、その家の女性は、山吹《やまぶき》の花を一枝、手折《たお》ったものをお盆に載せて持ってきました。よく見ると、身なりは貧しいのですが、身分高げな女性です。「蓑を頼んだのに、なぜ山吹の枝なんだ」と問いただしても女は何も言いません。結局、道灌は腹を立てて帰りました。

しかし、のちに歌道に詳しい人にこの話をしたところ、それはこういう意味だと、一つの古歌を教えられます。

「七重八重《ななえやえ》　花は咲けども　山吹の　実の一つだに　なきぞ悲しき」

つまり、その女性は、実のならない「山吹の枝」を差し出すことで、「残念ですが、うちは貧しくて雨を防ぐ蓑一つさえありません」と言っていたのです。ないならないと口で言えばいいじゃないかと思うかも知れませんが、あまりにも恥ずかしいことだったので、その女性は山吹の枝に託して思いを伝えようとしたのです。

この出来事がきっかけだったのかどうかはわかりませんが、その後、道灌は和歌を学びます。それが役に立ったのは、鎌倉公方の所用で、京に上り、時の天皇（後土御門《ごつちみかど》天皇）に拝謁《はいえつ》したときでした。

天皇からの「おまえの住んでいる武蔵野とはどんなところや」という下問《かもん》に、太田道灌は、即興で詠《よ》んだ歌を献上しました。

「わが庵《いほ》は　松原続き　海近く　富士の高嶺《たかね》を　軒端《のきば》にぞ見る」

これを聞いた天皇は、関東の野蛮な武士がこのような歌を詠めるのかと感心し、返歌をくだされたのです。天皇から返歌を賜るというのは、大変な名誉です。

「武蔵野は　かるかやのみと　思いしに　かかる言葉の　花や咲くらむ」

かるかやというのはあばら屋のことです。

太田道灌の和歌にまつわるこの二つのエピソードは、どちらも有名なものですが、山吹の話はともかく、天皇から御製《ぎょせい》を賜ったという話は信憑性が高いと言われています。

とにかく、道灌は文武両道の名将であったと言えるでしょう。

◇北条早雲の台頭

文武両道の太田道灌は、扇谷上杉家の懐刀《ふところがたな》のような存在でした。

その太田道灌と北条早雲が、今川家の内紛で巡り会います。

両者は同い年、互いの才を高く認め合ったと言われています。肝胆相照《かんたんあいて》らした結果、道灌は「わかった。君に一任する」と早雲に事の判断を任せ、帰りました。

前述のとおり、当初、扇谷上杉家は、龍王丸のライバルである小鹿範満を応援しようとしていました。しかし道灌は早雲の説得によってそれをやめ、早雲に一任したのです。しかも、このとき早雲は、道灌から兵まで借りているのです。

そして、この借りた兵を用いることで、国府《こくふ》の館《やかた》に居座っていた範満を自害させ、隠れていた龍王丸を駿府《すんぷ》に戻して、今川家の家督争いを解決したのです。

この功績によって、早雲は駿河の富士下方《かほう》十二郷《ごう》を与えられ、興国寺《こうこくじ》城主となっています。

こうして城の主《あるじ》となった早雲ですが、それはまだ一国の主となったということではありません。興国寺城というのは、今川の領国である駿河国の内にある小さな城に過ぎないからです。ですからこの時点では、まだ戦国大名とは言えません。

そんな早雲が目をつけたのが、隣の伊豆《いず》国でした。伊豆国の領主は、鎌倉公方から内紛で別れた「堀越公方」と呼ばれる足利氏でした。その足利氏にまたもや家督争いが起きたのを好機と、早雲は伊豆に攻め込み、足利氏を滅ぼし、伊豆国をその手に納めました。

ここで初めて早雲は「戦国大名」となります。

その後、早雲は、相模《さがみ》国にも進出し、小田原城を奪い、鎌倉時代から続く有力豪族・三《み》浦《うら》氏をも滅ぼすことで、最終的には相模国をも自らの領土としました。

精力的に近隣諸国に手を伸ばした早雲ですが、甥（龍王丸）の領国である駿河には決して手を出しませんでした。

戦国時代というと、親子、兄弟で骨肉の争いを繰り返していた時代というイメージを持っている人も多いのですが、特に信長以前の戦国大名には、血縁を大切に共に繁栄していく道を選んだ大名も多かったのです。

●北条早雲の関係地図

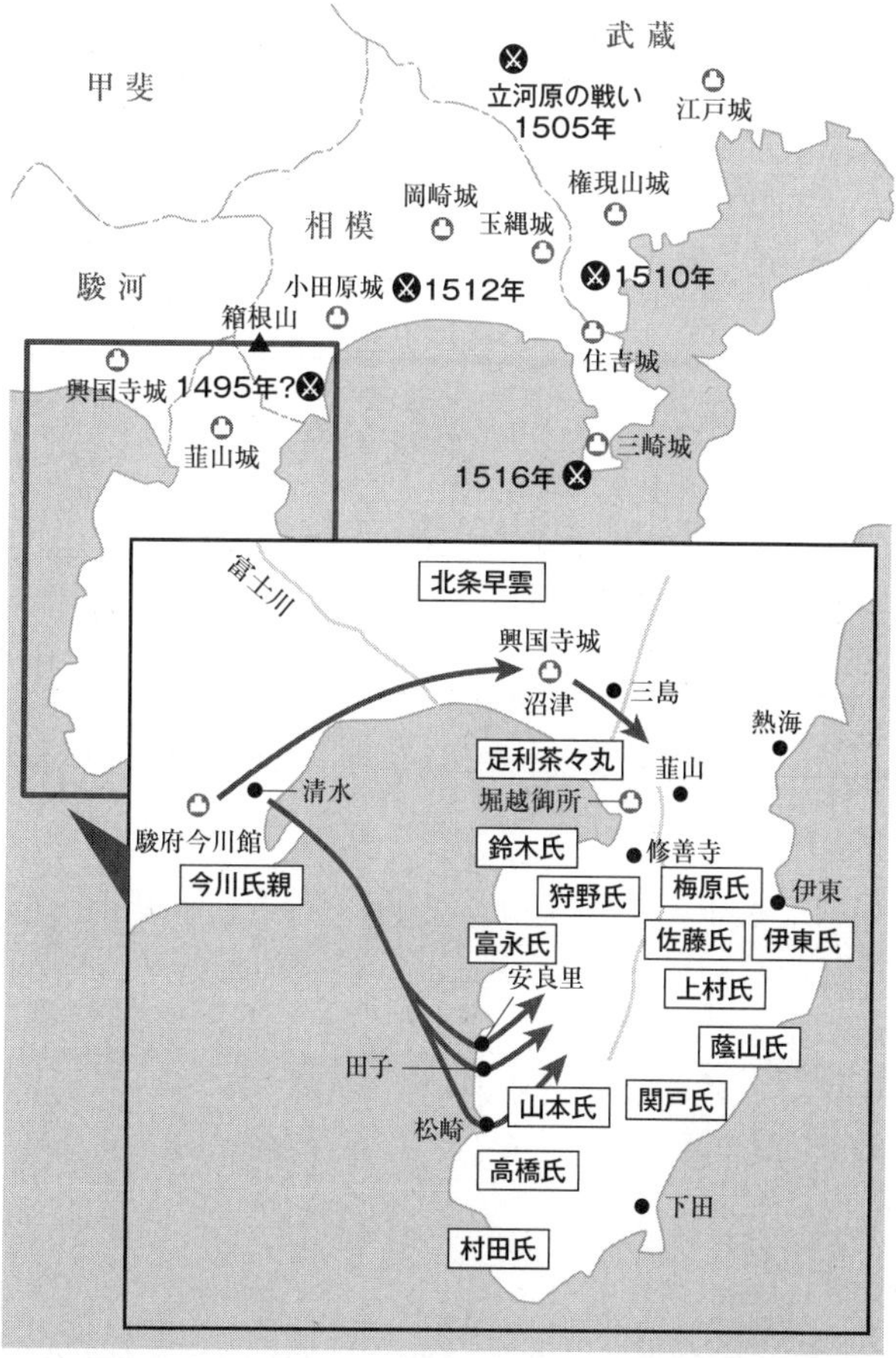
武蔵
甲斐
立河原の戦い
1505年
江戸城
権現山城
岡崎城
相模
玉縄城
駿河
小田原城
1512年
1510年
箱根山
住吉城
興国寺城
1495年?
韮山城
三崎城
1516年
富士川
北条早雲
興国寺城
沼津
三島
熱海
足利茶々丸
韮山
清水
堀越御所
駿府今川館
鈴木氏
修善寺
今川氏親
狩野氏
梅原氏
伊東
富永氏
佐藤氏
伊東氏
安良里
上村氏
蔭山氏
田子
山本氏
関戸氏
松崎
高橋氏
下田
村田氏

◇信長以前の戦国大名②　今川義元

早雲が支えた今川氏親の子が、桶狭間の戦い（田楽狭間《でんがくはざま》の合戦とも）で織田信長に敗れる今川義元です。

ここにも誤解があります。

それは、天下取りを目指した今川義元が、京への通り道である尾張の信長を討とうとして、逆に敗れてしまったというものです。

これは明らかな間違いなのですが、かつては学校でも「義元は天下を目指し、上洛する途中だった」と教えていました。

でも、それは間違いです。

義元は天下など目指していませんでした。

なぜそう言い切れるのかというと、たとえあのとき信長を倒し、尾張を通過していたとしても、義元が京に行くためには、美濃国（岐阜）・近江《おうみ》国（滋賀県）か、あるいは伊勢《いせ》国（三重県）を通らなければなりません。

しかし、伊勢国には北畠《きたばたけ》という名門大名がいるし、美濃には斎藤、北近江には浅井《あさい》

今川義元（大聖寺蔵／写真提供：豊川市桜ヶ丘ミュージアム）

（「あざい」とも）、南近江には六角《ろっかく》という強い大名がそれぞれいました。それなのに、当時の義元には、それらの大名に対して根回しをした形跡がまったくないのです。

当時は、他国の軍勢が「通過させてください」と言っても、基本的には通れませんでした。安易に領内に入れてしまったら、自分の城が攻められるかも知れないからです。だから、国境を厳重に固め、他国の軍勢は絶対に入れない、というのが戦国時代の常識なのです。

その常識に照らし合わせて考えると、今川義元の尾張への攻撃は、上洛の途中とは考えられません。

おそらく今川義元は、天下を狙ったのではなく、「うつけ」と評判の信長をやっつけて尾張国を乗っ取ってやろうと考えていたのだと思います。つまり、**桶狭間の戦いも、信長以前の大名が積極的に行っていた、自国の領土拡大のための戦いだった**、ということです。

義元は「天下」などまるで考えていませんでした。

この点に関しては、最近の歴史学者も私と同意見の人が増えてきています。

事実、最新の『国史大辞典』（吉川弘文館）など最近の日本史の本を見ると、義元上洛説は否定されています。それらに共通しているのは、今川義元は、信長を滅ぼして尾張を取る気はあった。つまり、領土を増やしていこうという意識はあったが、都へ上り、天下に号令するなどということは考えていなかったという表記です。

このことから見てもわかりますが、**信長とそれ以前の戦国大名では、目指していたものがまったく違うのです。**

信長以前にも戦国大名が数多く登場しますが、彼らは皆、身分の壁に縛られ、自らが将軍に成り代わって天下人となるなどということは、想像だにしていなかったのです。

そんなとんでもないこと、常識を無視した畏《おそ》れ多いことを考えたのは、信長が初めてだったのです。

◇桶狭間の戦いの知られざる真実

もう一つ、桶狭間の戦いには嘘がまことしやかに信じられています。

それは、僅《わず》か数千の信長軍が、四万という今川の大軍に勝利したという「数の嘘」です。

今川義元の最盛期は、駿河・遠江《とおとうみ》・三河の三国。この三国の石高《こくだか》はトータルで約七〇万石です。

七〇万石の大名が何人の兵を出すことができたのか。

実は、国もとの留守番をゼロと仮定したとしても、四万人も出せるはずがないのです。

では、本当の数を確かめるためにはどうすればいいのでしょう。

ここで力を発揮するのが、「一石は、一人の人間が一年間に消費する米の平均値である」という基本公式から導かれる「戦国方程式」です。

たとえば、七〇万石というのは、基本公式に当てはめると、七〇万人の人口を養える石高だということがわかります。

しかし、この七〇万人は、男女はもちろん赤ん坊から老人まで含んだ全国民の総数です。

問題は、全人口七〇万人の国が、兵隊に出せるのはどのぐらいか、ということです。

これこそが、私が「戦国方程式」と呼んでいるものなのですが、兵士に出せるのは全人口の二・五%なのです。

たとえば、一〇〇万石あったとしても、全人口一〇〇万人の国ですら出せる兵士の数は二万五〇〇〇人、ということです。

二・五%というと少ないように思うかも知れませんが、昔は女性は戦争へは行かないので、それだけでも数は半分になります。残った五〇万人のうち、兵士になり得るのは、子供と年寄りを除いた壮年《そうねん》男子だけです。しかも、壮年男子をすべて出してしまったら、戦争以外の仕事である農業、林業、漁業、手工業等々、国を維持するのに必要な多くの仕事をする人がいなくなって国が衰えてしまいます。

問題はそれだけではありません。軍団の兵士として出す以上、兵士には兵糧も武器も持たせなければなりません。そのためには当然ですが多額の費用がかかります。ですから、こうした諸費用まですべて計算した結果が、二・五％なのです。

今川義元には金山の収入もありましたから、一〇〇万石の実力があったとしても、最大限の兵を出したとして、二万五〇〇〇人ぐらいしか出せるはずがない、ということになります。

しかし、この二万五〇〇〇人も、すべてを連れて行くことはできなかったでしょう。国元を守る兵はやはり必要だからです。留守を守るためには最低でも五〇〇〇は必要です。ですから、記録には四万人と書かれていますが、実際の今川軍は二万人程度だったと考えられます。

では、対する織田軍はどのぐらいだったでしょう。

尾張国の石高は、江戸時代で六〇万石ぐらいです。しかし、この時代の織田家は、まだ尾張国全域を把握しきれていません。そう考えると、織田家の全石高は三〇万石程度と考えられます。一〇〇万石対三〇万石ですから、約三分の一の勢力ということになります。

織田軍は迎え撃つ立場なので留守番の兵はいりません。全部繰り出したとすると、八〇〇〇人ぐらいと考えられます。

今川軍二万、対する織田軍八〇〇〇。

これまで言われていた今川軍四万対、織田軍五〇〇〇という数字と比べると、だいぶ印象が変わるのではないでしょうか。

それにしても、実数が二万だったのだとしたら、四万人という記録はどこから来たのでしょう。後の人間が書いたまったくのデタラメなのでしょうか?

実を言うと、この数字もまた、嘘とも言い切れないのです。

少々ややこしくて恐縮ですが、実はこれが「戦記」というものを読むときのコツなのです。

まず、**戦った敵の人数は常に多く言われる可能性がある**、ということを憶えておいてください。そして逆に、味方の数は少なめに言われるのですが、これにはれっきとした理由があるのです。

まず、攻めて行く側の立場から言いますと、敵を萎縮させたいので、実際には二万人しかいなくても、水増しして「こっちは四万人もいるんだぞ」と吹聴《ふいちょう》します。敵がこの噂にびびってくれればしめたものだからです。

相手の闘志を落とすための、一種の心理作戦というわけです。

一方、攻め込まれる側にも面白い心理が働き、敵の数を倍に言ったりすることがよくあるのです。

その面白い心理とは、一種の「保険」です。もし戦いに負けた場合、二万人に負けたと言うよりも、敵が四万も来たから負けてしまった、と言った方が負けが正当化されるというものです。つまり、「負け＝恥」ではなく「負け＝仕方のないこと」になるということです。負けたときに、「二万人ぐらいだったら勝てたかも知れないけれど、四万人も来たから勝てなかった」と「言い訳」をするために、あらかじめ敵の数を盛っておくのです。

では勝った場合は？」と思うかも知れませんが、これは勝ったときにも役立ちます。

なぜなら、二万人の兵士を八〇〇〇でぶち破ったと言うよりも、わが軍はたった五〇〇〇で四万もの敵の大軍を破った、と言った方がはるかにカッコイイからです。

こうして、敵と味方の数というのは、常に攻め手が多く、守り手が少なく記録される傾向があるのです。

私が「記録は実数ではないが、まったくのデタラメでもない」と言ったのは、そういう意味なのです。

◇非情な手段を使って勝利をもぎ取った信長

この桶狭間の戦いがあまりにも劇的な勝利だったことから、一昔前までは信長が迂回をして義元の本陣を奇襲し、勝利を収めたと言われていました。しかし、今ではこの信長軍の迂回説は否定され、正面攻撃だったとされています。

では、信長はどのようにして義元の大軍を打ち破ったのでしょうか。

当時、信長の本拠地は清洲城です。信長は清洲城に籠《こ》もるという作戦を最初から考えていませんでした。敵の方が数が多く、この時、信長の同盟軍というのはいないわけですから、びっしり城を囲まれてしまえば、どうしようもないわけです。

徳川家康と同盟を結んだのは、この今川義元が死んだ後です。ですから最初から城を出て戦うつもりだったと思います。

江戸時代では、一国一城令、正確には「一大名一城令」があって、城の数は減らされました。これは軍縮ということであって、「平和だから城はたくさんいらないだろう」ということで減らされたのです。

しかし、戦国時代は一国の中に幾つも城があったのです。大名（当主）の住む城。家老の守る城。その家老の家来ぐらいが守る城があって、これは「砦」と言いました。桶狭間の戦いのとき、実は織田軍の前哨基地には丸根砦、鷲津砦などがあり、それぞれ五〇〇名前後の兵で守らせてありましたが、二つとも今川軍に簡単に落とされました。落とされたということは、少なく見積もっても数百人の死傷者がいたということです。

戦うときに一番やってはいけないことは、のちの陸軍の表現でいうと「逐次投入」ということです。例えば、味方が五〇〇〇の軍勢、敵も五〇〇〇の軍勢なのに、五〇〇人ずつ小出しにして敵に当たらせるのを「逐次投入」と言います。これをやると必ず負けで、やってはいけないとされています。つまり相手が五〇〇〇なら、こちら側も出すときはいっぺんに出すというのは当たり前のことです。向こうは全力できているのだから、やられるに決まっています。

しかし、それを知っているはずの信長が、この三つの砦には、「逐次投入」をやってい

Point

戦国の勝者に「非情さ」は不可欠。「優しさ」だけでは勝ち残れなかった！

るのです。では、なぜやったのかということです。私は敵を油断させるためだったと思います。**つまり最初からこの一五〇〇人ないし一〇〇〇人は見殺しにするつもりで、敵を油断させる、敵の兵力を分散させる作戦だった**ということです。

つまり、「向こうは自分がバカ殿であると思い込んでいる。だからバカな戦術を取れば、ますますそう思うだろう」ということです。

本来ならば、敵よりも兵数が少ない信長軍は、こんな砦は空にして、兵力を一カ所に集中すべきなのですが、それをやってしまうと、敵も「なかなかあいつは頭がいいじゃないか」ということになり警戒するかもしれません。ですから徹底的に油断させるためには、味方の兵士一〇〇〇～一五〇〇人、六人に一人か五人に一人、それをわざわざ敵に殺させたということではなかったでしょうか。

義元が油断したのは、この砦がそれほど苦労なく落ちたからです。義元の心理は「信長はやっぱりバカ殿（うつけ）だ」と思ったはずです。「信長ってバカ殿、バカ殿って聞いてたけど、本当だったんだな。こんなバカな戦術があるか。おまえらは俺たちよりずっと数が少ないのに、こんな小さな砦に兵を分散してどうするの。このままでいけば、信長なんていうのはあっという間にやっつけられるな」と思ったのでしょう。そう思わせたことが信長のすごいところで、ある意味、味方を犠牲にしてでも敵をやっつけてしまうという

●桶狭間の戦い――織田軍・今川軍の進軍図

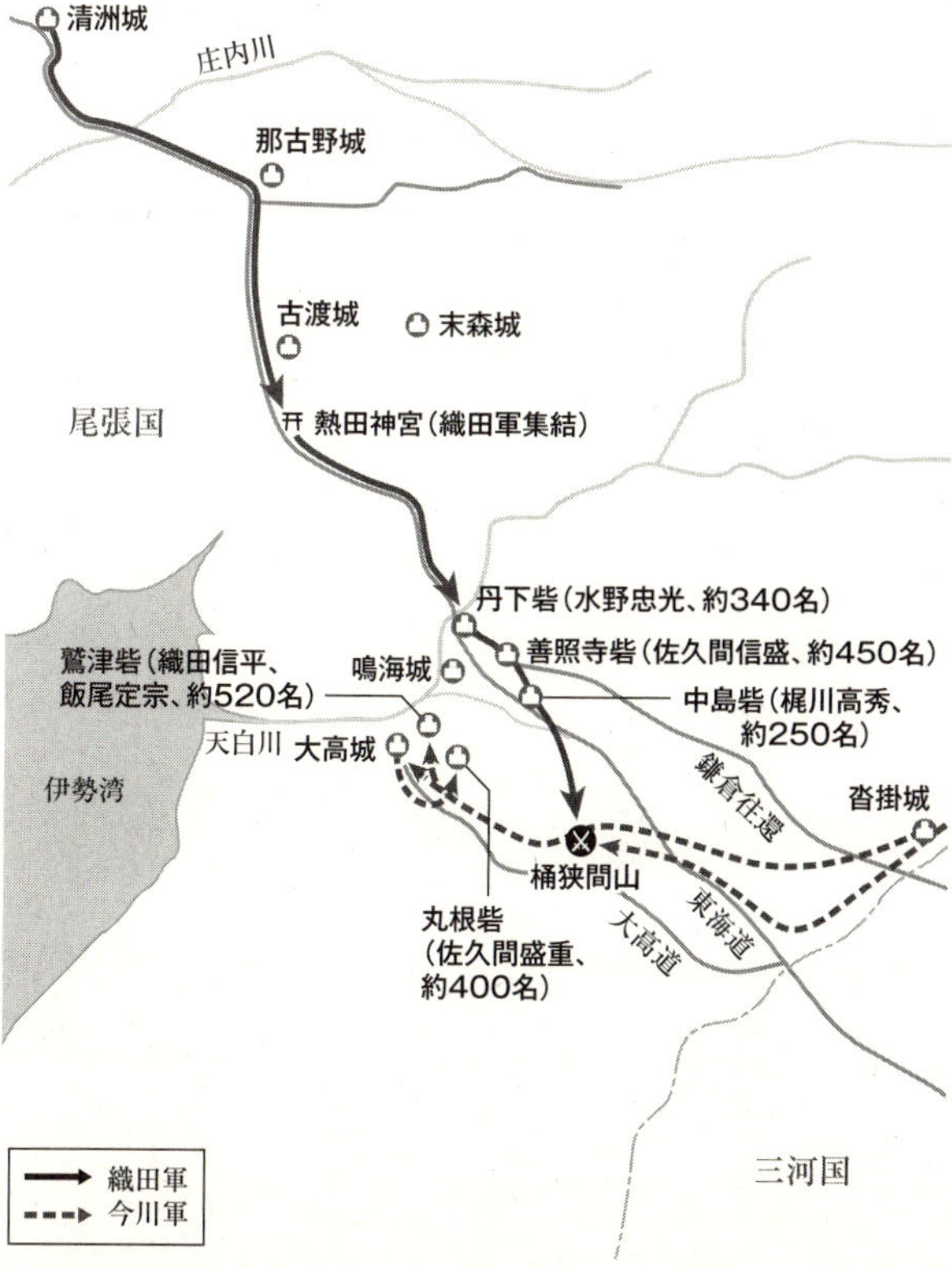

非情な面を持った人なのです。

戦争というのは、そういう意味では殺し合いですから、とても悲惨です。ですが、悲惨ということの中に、もし信長がこの時点で今川義元という古い時代の戦国武将を討っていなければ、のちの天下取りや戦国時代の終焉はなかったわけですから、そういうことは評価しなければいけないと思います。ある意味、本当に鬼です。

しかし、そういうことができないと、戦国時代の勝者にはなれないということがわかる例だと思います。

◇信長以前の戦国大名③　毛利元就《もうりもとなり》

もう一人、信長以前の代表的な戦国大名について触れておきたいと思います。

それは中国地方の覇者・毛利元就です。

毛利元就という人は、ある意味、最も戦国大名らしい戦国大名だと私は思っています。

毛利元就というのは、実はとてもすごい人なのです。

元就は安芸《あき》国（現在の広島県）の国人領主《こくじんりょうしゅ》の家の生まれですが、その血筋は武田信玄と同じ系統の武田氏です。室町幕府の守護の中には大大名がいっぱいいたと申し上げましたが、武田氏も大大名で、甲斐国の他に、若狭《わかさ》国や安芸国も持っていました。かつてはそれらすべてを、武田一族が守護、あるいは守護代として領有していたのです。

その武田氏を追い払って台頭したのが毛利元就なのです。

ですから毛利元就のスタートは一国ですらありません。国人領主ですから、僅か一郡です。

郡という単位は、今でも県の下ですが、当時も安芸国をいくつかに分けたのが郡でした。元就は、その一郡の国人領主でした。

その一郡の領主が、安芸国全体を乗っ取ったばかりではなく、室町時代の大大名である武田を破り、さらには同じ成り上がりの尼子《あまご》一族も破って、毛利元就一代で中国地方をほとんどその手におさめたのですから、数多《あまた》いる戦国大名の中でも飛び抜けた存在だったと言えるでしょう。

しかし、そんな元就でさえ、信長とは根本的な考え方が違っていました。

毛利元就は貪欲《どんよく》に領土を広げていますが、その結果、自分が天下人になろうとか、天下に号令しようという気はありませんでした。つまり、会社にたとえるなら、自分の会社が大きくなればそれでいい、という考え方です。

そんな元就には、俺の会社なのだから、俺がすべてを仕切る、というワンマンな考えもありませんでした。

その証拠に子孫たちには「お前たちは俺の真似《まね》はするな。お前たちは俺よりも器量が劣っていることはわかっているので、家を保つことを第一に考えろ」と遺言しています。とにかく、自分の国を守ることだけを元就は望んでいたのです。

対して信長は、尾張半国、郡の数にすると二、三郡からのスタートですから、毛利元就よりはちょっといい条件でスタートを切ったと言えます。

それでも信長は、尾張半国の主でしかなかった頃から、京を目指し、天下人となることを目指していました。

やはり、**中国地方全土を手に入れても天下を考えなかった元就とは、最初から目指していたものが違っていたと**言えるでしょう。

しかし、何度も言いますが、信長が大天才なのであって、元就の器《うつわ》が小さかったということではありません。**信長以前の戦国大名は、全員「身分の壁」の前に膝を突き、天下人になることは疎《おろ》か、身分の壁を乗り越える可能性すら考えていなかった**のです。

そういう意味では、やはり、一口に戦国大名と言っても、その性質は信長をターニングポイントに、「信長以前」と「信長以後」に分けて理解する必要があると私は思います。

毛利元就（重要文化財 絹本著色毛利元就公画像 山口市・豊栄神社蔵／写真提供：山口県立山口博物館）

第二章のまとめ

- 戦国大名はみんながみんな天下取りを狙って戦っていたわけではないのです。信長以外の戦国大名は、自分の領土を広げることを目的とした、あくまでも地域戦、私戦なのです。
- 信長はなぜ義昭からの「副将軍就任」を辞退したのか。信長は、室町幕府の公式の組織の中に身を置くことで、身動きが取れなくなるのを避けたかったからではないでしょうか。
- 美濃が道三派と義龍派に二分されたとき、九対一で土岐氏の血をひくであろう義龍が優勢となりました。いかに当時の人々の身分意識が強かったかを示している数字と言えるでしょう。
- 日本の織物市場を席巻していた苧が木綿に取って代わられることで、信長・家康の経済力が大きく伸び、一方、苧の産地だった越後の上杉謙信の経済力は低下していったのです。
- 今川義元も「天下」などまるで考えていませんでした。桶狭間の戦いも、信長以前の大名が積極的に行っていた、自国の領土拡大のための戦いだったのです。

第三章

武田信玄の天下取りの限界

あと十年生きていれば、どうなっていたか

◇守護大名から戦国大名へ成長した武田信玄

「この男が後十年生きていたら、織田信長は天下を取れなかった」

そう言われる戦国大名とは、武田信玄です。

でも、本当に武田信玄が長生きしていたら、織田信長は天下が取れなかったのでしょうか。

確かに信玄は強かった。それも半端なく強かった。

もしかしたら戦国時代最強の大名だったかも知れません。何しろ織田軍より強いと定評のあった徳川軍を、信玄は三方ヶ原《みかたがはら》でいとも簡単に撃破しているのです。

しかし、結論から先に言うなら、**もし信玄が長生きしていたとしても天下人にはなれなかったと私は思います。**確かに信長が、天下人になるのが少々遅れた可能性はありますが、天下人になったのは、やはり信玄ではなく、信長だったと思います。

なぜなら、信玄と信長には決定的な違いがあり、その違いを克服できない限り、天下人になることはできないからです。

なぜ、信玄は最強なのに天下を取れないのでしょう。

武田信玄（山梨県立博物館蔵）

その答えを述べる前に、武田信玄とはどのような人物だったのか、述べておきたいと思います。

第二章で、守護大名と戦国大名の違いを述べました。基本的には、室町幕府から正式に任命されたのが守護大名、それを力で追い払って乗っ取ったのが戦国大名です。でも、中には例外もあります。そして、その例外の典型が武田信玄なのです。

武田家はれっきとした守護大名です。それも源氏の名門です。

武田氏というと信玄が有名になったので、甲斐国《かいのくに》（現在の山梨県）の大名というイメージが強いのですが、もともとは安芸《あき》国（現在の広島県）や若狭《わかさ》国（現在の福井県）など何カ国もの領土を持つ室町幕府の大大名でした。

ところがこの大大名・武田氏も、安芸武田氏が毛利元就《もうりもとなり》に領土を奪われてしまったように、各地で豪族に力負けし、没落していきます。

しかし、そうした中で信玄は名門にあぐらをかくことなく、下剋上《げこくじょう》の風潮の中で国を乗っ取られまいと軍事的に自分の家を強化し、没落するどころか、逆に戦国大名として成長していったのです。こうしたケースを私は「守護大名が戦国大名に成長した」と言っています。

第二章でも述べましたが、ここで言う「成長」とは、他国に負けない軍事力の整備、あ

●1573年頃の勢力図

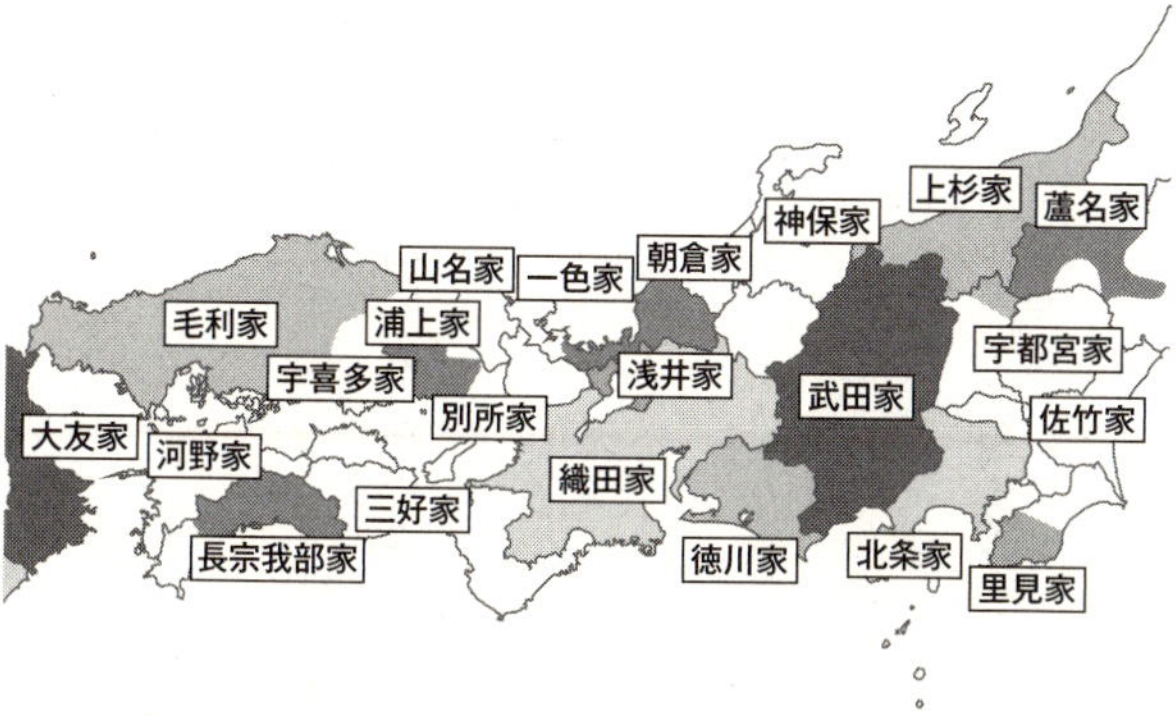

るいは、その軍事力を可能にする経済力の整備ということです。

『国史大辞典』の武田信玄の項によれば、信玄の領土は最大の時で「甲斐、信濃、駿河、西上野、飛騨、東美濃、遠江、三河の一部に及」んだと言います。

信濃《しなの》とは現在の長野県。駿河《するが》は静岡県の東半分。西上野《こうずけ》は上野国の西側ということですから群馬県の西側と考えていただけばいいでしょう。飛騨《ひだ》は岐阜県の北の方の一部分。東美濃《みの》は、岐阜県の中央部、今の岐阜市のあるあたりが美濃国ですから、その東側となります。遠江《とおとうみ》は、静岡県の真ん中を流れる大井川《おおいがわ》を境とした西側、浜名湖のある側ですね。ちなみに、大井川の東側は駿河国です。

三河《みかわ》というのは、今の静岡県が駿河と遠江

からなっているのとよく似ていますが、文字通り「境川《さかいがわ》」という名前の川を境に愛知県の東半分が三河、西半分が尾張《おわり》と分かれています。その三河の一部を手にしたというのは、信玄が人生の最後に出撃したとき、徳川家康を破っているのですが、そのときの侵出を意味しています。

つまり、**多くの守護大名が次々と没落していく中で、リニューアルというかバージョンアップに成功し、戦国大名に姿を変えた守護大名、その代表が武田信玄なのです。**

武田氏というのは室町以来の源氏の名門です。それをリニューアルしてパワーのある、ほかの戦国大名に負けない国づくりをしたということです。

第二章で「戦国時代はすべての大名が天下を狙《ねら》っていた」というのは誤解だという話をしました。

実はこの誤解を助長した要因が武田信玄の存在なのです。

というのは、武田信玄は信長より年上なのですが、晩年に天下を狙ったと考えられるからです。そのため、**武田信玄が狙っていたのだから、ライバルの上杉謙信はもちろん、同時代の北条氏康《ほうじょううじやす》も天下を狙っていたに違いない……、という連想が広まってしまったのです。**

確かに信玄は、その晩年に天下を狙いました。これは確かなことです。

しかし問題は、なぜ彼がこの時期になって「天下」ということを考えたのか、ということです。この謎を解くヒントは、信玄が天下を目指したのが「晩年」になってからだったということです。

これは、もともと信玄が天下を狙って戦ってきたのではなく、晩年、何かをきっかけに「天下」に意識が向いたということを暗示しています。

きっかけは、やはり織田信長の存在だと思います。

織田信長という成り上がりの若造が、あれよ、あれよという間に天下人になりつつある。それまで誰も、身分の壁を越えて天下人になるなど考えもしていなかったのに、信長はそれを成し遂げてしまったのです。名門の出である信玄には、それは腹立たしいことだったに違いありません。

今の日本は身分意識というものがなくなっているので、この感覚はわかりにくいと思いますが、**たとえ正論であっても、下の身分の者が上の人に文句を言うことは許されない。問題は、それが正しいか正しくないかではない、というのが身分社会なのです。**

昔は身分が違うと、直接口をきくことすら許されませんでした。だから、信長みたいなことができるとは誰も思っていなかったのです。

そんな中で信長が「身分の壁」を乗り越えたのです。

彼が畿内《きない》を制圧し、将軍をも超えようとしているらしい、ということに気がついたとき、源氏の名門である武田信玄は驚愕《きょうがく》しました。そして、その驚きが収まったとき信玄は「あんな田舎《いなか》大名が天下人になるぐらいなら、俺の方がよほどふさわしい」と思ったことでしょう。

これが、信玄が晩年になって天下取りに動き出した理由です。つまり、信玄の天下取りは、あくまでも信長の行動を見た結果、後付けの理屈に過ぎないのです。

◇武田の居城「躑躅《つつじ》ヶ崎館《がさきやかた》」とは？

大永元年（一五二一）十一月三日、駿河の今川氏親の臣であった福島正成勢が甲斐へ侵攻し、信虎と飯田河原（甲府市）で対戦している最中に、戦乱をさけて居館であった躑躅ヶ崎館の北方にあたる積翠寺で誕生した。

（『国史大辞典』より）

武田信玄は、源氏の名門・甲斐武田の十七代目として大永《だいえい》元年（一五二一）、甲府《こうふ》で生まれました。信長より十三歳年上です。ちなみに、甲府というのは甲斐国の府中《ふちゅう》（国府の置かれている地）だから「甲府」と言います。同様に駿河国の府中は「駿府《すんぷ》」、周防《すおう》国の府中は「防府《ほうふ》」と言います。

躑躅ヶ崎館は武田氏が本拠とした館です。山梨県甲府市の中心地に位置し、現在はその跡が武田神社になっています。

戦国時代、多くの大名が城を居城としていました。なぜ城に住むようになったのかというと、常に戦争をしていたからです。城というのは軍事要塞《ようさい》です。いつ敵が攻めてくるのかわからないので、彼らは日頃から城に住んでいたのです。

城は攻めにくい場所にあった方が安全です。そこで、不便な山の上に多くの城がつくられました。「山城《やまじろ》」です。代表的なものを一つ挙げると、滋賀県長浜《ながはま》市の北部に位置していた浅井《あさい》氏の居城・小谷《おだに》城です。

これに対し、山よりももう少し便のいい場所、丘ぐらいの高台につくられた城は「平山《ひらやま》城《じろ》」と言います。この代表が、織田信長の「安土《あづち》城」です。

そして、平地に建っているのを「平城《ひらじろ》」と言います。大坂城や江戸城がそうです。つまり城郭の発展史からいくと、こういうふうに発達してきたわけです。

かつての武士はみんな館に住んでいました。戦国時代に限らず、武士は戦争をするものでしたが、戦国時代以前の武士というのは、自分の住まいを根城《ねじろ》にして戦うような本格的な戦争はほとんどしていなかったからです。戦国時代以前の戦争というのは、身支度をして馬で戦場に出かけていって、広い場所でするものだったのです。

そうした合戦のスタイルが、だんだんだんだん変化していき、城という相手の拠点を攻めるスタイルになっていったのです。

そうするともう館では守りきれないので山城をつくり、そこに籠《こ》もるようになっていったのです。これが戦国時代の前期です。しかし、信長や秀吉の時代になってくると、山城ではあまりにも不便だということで、平山城や平城に変えていったのです。

甲府の中心に位置する武田信玄の居城「躑躅ヶ崎館」は平地にあるので、こうした分類でいうと平城に当たります。

しかし、時代背景を考えると、これは「城」ではなく「館」と見るべきでしょう。それは「山城→平山城→平城」と進化した結果の平城ではなく、戦国以前の館なのです。これは、武田家が守護大名の名門だったからこそだと言えます。

武田信玄は家臣たちから「御館様《おやかたさま》」と呼ばれますが、この呼称も守護大名から戦国大名になったために「館」を居城としていたのが、その所以《ゆえん》だと思います。

しかし、やはり平地では不用心だということで館の周りには堀をめぐらし守りをかためていました。そしてさらに、いざと言うときのために「詰《つめ》の城」も用意されていました。

躑躅ヶ崎館の詰の城は、甲府盆地の中央北部の山の中にあり、その名前からして物々しいのですが「要害山城」と言いました。

武田信玄が生まれた「積翠寺《せきすいじ》」というのが、この要害山城です。現在もこのあたりは上積翠寺町と言います。

その場所は今は積翠寺温泉として知られ、温泉旅館ができていますが、信玄の頃から、傷病兵、特に戦いで傷を負った兵士のリハビリと保養用に使っていたようです。

温泉を戦いの傷を癒《い》やすのに用いた戦国武将は何人もいます。秀吉が有馬《ありま》温泉を非常に気に入って通ったことは有名ですが、温泉の効能にいち早く気づき、積極的に利用したのは武田信玄なのです。これは、世界でも非常に珍しいことだと思います。

◇武田信玄は神様として人々に敬慕された

武田信玄は、山梨県ではとても尊敬されていて、今でも「信玄公」と敬称で呼ばれています。

実際、武田信玄は、武田神社の御祭神《ごさいじん》として祭られている「神様」です。ですから、特にご年配の方は必ず「信玄公」と言い、よそから来た人たちにも呼び捨てにせず「信玄公とお呼びしてください」と言います。

なぜ信玄はこれほどまでに地元で尊敬されているのでしょう。

これは、政治家が後世に名を残すポイントでもあると思うのですが、信玄という人は、それだけ領国経営が上手《うま》かったのです。

もう一度『国史大辞典』の記述を見てみましょう。


城下町である甲府には商人・職人を集住させ、各種の特権を与えて領国の経済活動に奉仕させた。交通制度も早くから整備し、伝馬宿駅制は占領地にも及んでいた。このほか、信玄堤と俗称される治水政策や新田開発、甲州金、甲州枡と称される度量衡の統一や金山の開発など、信玄の創始といわれる施策は多い。


伝馬《てんま》宿駅制というのは、何キロかおきに馬小屋と役人を置いておき、何かあった場合に次々とリレー方式で物や情報を伝えるシステムです。

一頭の馬で長い距離を走れば途中で疲れるし、スピードも鈍《にぶ》ります。場合によっては途中で倒れてしまうかも知れません。でも、リレー方式で定期的に馬を取り換えていけば、スピードも保てるし、確実に、早く目的地に行くことができます。

武田神社(躑躅ヶ崎館跡)

躑躅ヶ崎館の復元大手口

ちなみに今の「駅」という名称は、もともと伝馬宿駅制における宿舎を意味する言葉でした。それを明治になって鉄道をつくるときに「station」の訳語として採用したわけです。

でも、伝馬宿駅制は直接土地の人々が恩恵を感じられるものではありません。土地の人々にとって最も恩恵が大きかったのは、「治水《ちすい》」でした。

わたしたちはある意味、ものすごく幸せな世の中に住んでいます。そのため昔のことがなかなか想像できないのですが、治水ができていないというのは、とても大変なことなのです。

この時代、日本の基幹産業は農業です。もっとはっきり言えば稲作です。

日本の稲作は水を大量に必要とします。ですから、水が引けない場所では、たとえ土地が余っていても稲作を行えませんでした。

その結果、かつての日本には「間引き」という悲しい現実がありました。非常にいやな言葉ですが、間引きというのは、生まれた子供を殺すことです。なぜそんな悲しいことをしなければならないのかというと、文字通り子供の数が増えすぎると食べていけなくなるからです。

「口減らし」という言葉もあります。

夫婦の間に子供が生まれます。その子供が女の子なら将来嫁に出てしまうのでまだいいのですが、男の子だと、一人目は跡継ぎですからいいとして、二人目三人目となると、分けてあげる田んぼもないし、食べさせていくのも大変だ、ということになります。

農民の次男以降は、はっきり言うと働き口が家にはありません。そのため、家から出されるのです。これが口減らしです。彼らは、男の子のいない家に養子に行ったり、商家に奉公したりしますが、そうした働き口が見つからない人の中には、山賊や強盗の仲間に入ったりする者もいました。

ですから世の中の治安のためにも、間引きや口減らしを無くすためにも、次男三男の食《く》い扶持《ぶち》を生み出す新田開発は、とても重要な課題でした。新しい田んぼさえできれば、男の子が二人以上できても弟に新田を継《つ》がせることができます。**この新田開発と切っても切れないのが治水でした。**

土地があるのに田んぼにできない場所には、大きく二つの場所があります。一つは先ほ

Point

信玄の新田開発と堤は人の命を救った。だから、信玄は「信玄公」なのである。

ども言いましたが、近くに川がなく水が引けない場所です。もう一つは、逆に川などに近いのですが、毎年のように洪水など水害があり、田んぼを維持できない場所です。

この二つの問題を、信玄は解決しているのです。

水の来ていない場所には用水路などを作り、水を引き、洪水が起きる場所には堤防を築きました。地元ではこうした堤防を、信玄への感謝を込め、今も「信玄堤《しんげんづつみ》」と呼んでいます。

武田信玄というのは、日本の農業土木を最も盛んにやった人なのですが、そこにはある理由がありました。

その理由とは、甲斐国があまり米が穫れない場所だったということです。米が多く穫れるところというのは、気候が温暖で水が豊富なところです。

山梨県は今でこそ果物など実りの多い豊かな地域ですが、今でも米の名産地ではありません。農作物にはいろいろありますが、山梨の名産品と言われて誰もが思い出すブドウ（葡萄）は、実は水の少ない土地を好む作物なのです。

ブドウはとてもみずみずしいフルーツなので意外に思われるかも知れませんが、あれは水のほとんどないところでもみずみずしい実をつけることができるのです。シルクロードの途中、砂漠の中の遺跡に葡萄文様《もんよう》をよく見かけますが、ブドウは、ほかの作物ができない乾いた土地、米はもちろん、粟《あわ》も稗《ひえ》もお茶もできないようなところでもできるのです。そのブドウの名産地なのですから、どういう土地か想像がつくと思います。

でも、いくらブドウがたくさん採れても、主食にはなりません。昔の国力は「石高《こくだか》」で表現されたことからもわかるように米の生産量で決まります。そこで何とか石高を上げようと、武田信玄は治水に力を入れました。その結果、信玄の治世には新田開発と堤防の建設が進みました。

新田開発が進んだということは、農民の側からすると、これまでは、次男が生まれたら、可哀想だけど口減らしをせざるを得なかったのが、信玄様が新田開発を進めてくださったおかげで次男や三男にも田んぼが与えられるようになった、ということになります。

さらに、水害に備えて堤の建造も積極的に行ったおかげで、洪水で人命や収穫が失われることもなくなりました。

農民たちは信玄に感謝し、子供にも「お前たちがこうして無事に生活できているのは信玄様のおかげなんだから、信玄様に絶対足を向けて寝るんじゃないぞ」と言い聞かせました。だから今でも「信玄公」なのです。

◇もうひとつの顔を持つ武田信玄

神様と崇《あが》められる信玄ですが、彼には大きな欠点もありました。実は、信玄という人は強欲な上、極端な女好きだったのです。そんな信玄の犠牲になったのが、隣国、信濃国の大名・諏訪頼重《すわよりしげ》とその娘です。

諏訪頼重の正室は信虎《のぶとら》の三女、つまり信玄の妹でした。娘を諏訪へ嫁がせた信虎は、信玄に義兄弟として頼重と仲良くするよう命じていました。

しかし、信玄はその父を追放し、自ら領主になると、すぐに諏訪頼重をだまし討ちにし、その娘を自分のものにしてしまったのです。

実の父を追放し、自分が領主になるなんて酷《ひど》い、と思うかも知れませんが、現実には、信虎の追放には、信虎の重臣だった板垣信方《いたがきのぶかた》や甘利虎泰《あまりとらやす》らも賛成しています。

実は、信玄と信虎は実の親子であるにもかかわらず、確執がありました。信玄は幼い頃から器量抜群と評判の若殿だったのに、なぜか信虎は信玄を嫌いました。そして、信虎は信玄の弟で、律儀な信繁《のぶしげ》を後継者にしたいと望んでいました。そのため、信虎はなかなか家督《かとく》を信玄に譲ろうとはしなかったのです。

甲府駅前の武田信玄像

ですから、信玄を「信玄公」と敬愛する人たちは、「信玄公はすばらしい人なのに、信虎は家督を継《つ》がせようとしなかった。そんな信虎は馬鹿だ。馬鹿を追放して何が悪い」と言います。

でも、私は逆だと思っています。

おそらく信虎は、長男は確かに優秀だが、同時にちょっと危ういところがある、その危うさを危惧して、なかなか家督を譲らなかったのだと思います。

しかし、戦国の世です。家臣にとってみれば、温厚な領主ではどうも頼りない、むしろ攻撃的なぐらいで丁度いい、そう思ったから、重臣たちも信虎の追放に賛成・協力したのでしょう。

さすがの信玄も、実の父親を殺すことはしませんでした。どうしたかというと、姉の嫁ぎ先である大大名・今川義元《よしもと》に「父を追放するので預かってほしい」と頼んだのです。

そんな身勝手な申し出を今川が受けるはずがない。そう思われるかも知れませんが、意外にも義元はこれを了承します。

では、なぜ義元は了承したのでしょう。これは私の想像ですが、おそらく義元は、信玄が急病で死ぬようなことがあったら、信虎の大名復帰があるかも知れないし、そうしたことがなかったとしても、信玄が新しく築く武田家に恩を売っておくのもいいだろう、と考えたのだと思います。

とにかく、信玄は自分の父親を追放することで領主となり、権力を握ります。

そして領主となった信玄が、最初に行ったのが、諏訪頼重の謀殺です。「これからは隣国どうし、また義兄弟として仲良くやっていこう」と言い、「ついてはともに一献《いっこん》傾け親交を深めよう」という口実で頼重をおびき寄せると、殺してしまったのです。殺したのは、もちろん信濃国を乗っ取るためです。

完全なだまし討ちでした。まさか兄が自分の夫を殺すとは思っていなかった信玄の妹は、甲斐に帰国して間もなく、十六歳の若さで兄への怨《うら》みをのんで死んだと言われています。

実はその殺された諏訪頼重には、美しいと評判の娘がいました。これは信玄の妹が産んだ子供ではありません。信玄は、この娘がどうしても欲しいということで、周囲の反対を押し切って自分の側室にしてしまいます。

周囲が反対したのも無理はありません。何しろその娘にしてみれば、信玄は父親をむごい手段で殺した仇《かたき》です。そのような人間をそばに置いたら、ましてや寝所にいれるなど危険極まりないことです。

親の仇を取ろうというほど強くない娘であれば、父親の仇に「俺の側室になれ」と言われたら普通は自害します。しかし、なぜか彼女は自害することなく信玄の側室になり、後に男の子を産んでいます。

この諏訪頼重の娘、実は名前がわかっていません。小説では井上靖さんの『風林火山』の由布姫や、新田次郎さんの『武田信玄』の湖衣姫など便宜的に名前がつけられていますが、いずれも本当の名前ではありません。本当の名前がわからないので、学者さんたちは、諏訪から来た夫人という意味の「諏訪御寮人《すわごりょうにん》」と呼んでいます。

諏訪御寮人が産んだ子は信玄にとっては四男。最初は諏訪家を嗣《つ》いで「諏訪四郎《しろう》」と名乗ります。しかし最終的には武田家を嗣ぎ、「武田勝頼《かつより》」を名乗ります。この勝頼の代に武田家は滅びるのですから、まさに運命の子と言えるでしょう。

それにしても、諏訪御寮人はなぜ父親の仇の言うことを聞いて側室になり、子供を産んだのでしょう。

この疑問に、それは信玄に惚れたからだ、と考えたのが井上靖さんの小説『風林火山』です。この小説では、由布姫が武田信玄という男の魅力に惚れて、憎いながらも子供を産んだのだということになっています。

でも、それはあくまでもフィクションです。

私は、これもいやらしい話なのですが、彼女を自分のものにしたい信玄が、「おまえが子供を産めば、諏訪家を再興してやる」とでも言ったのではないかと思っています。実際、勝頼は一度は滅びた諏訪家を再興して「諏訪四郎」と名乗っています。

ところが、この「諏訪家」については、もう一つ嫌な話があります。

それは、頼重の正室だった信玄の妹・禰々《ねね》が産んだ寅王丸《とらおうまる》という男子をめぐる話です。寅王丸が生まれたのは、頼重が信玄に殺される数カ月前なので、諏訪御寮人にとっては母違いの弟ということになります。

寅王丸は諏訪家の正式な跡継ぎだったので、普通は殺されるはずでした。男子はどんなに幼くても、後の禍《わざわい》にならないように必ず殺すというのが武家の掟《おきて》です。ところが、寅王丸は生母の禰々とともに甲斐国に来ているのです。

なぜ信玄は寅王丸を殺さなかったのでしょう。ライバルになりそうな人間は、たとえ身内でも容赦なく殺している信玄にしては、奇異に映ります。

そこで、これを諏訪御寮人のこととつなぎ合わせて考えると、次のような推論が成り立ちます。

自分の父親を殺された諏訪御寮人は、当初、当然の如《ごと》く信玄を拒絶します。「絶対あなたのものにはなりません」。そういう少女に対して信玄が言います。「俺の言うことを聞かなければ、幼い寅王丸を殺すぞ」。

幼い弟を人質に取られ、身を任せれば助けてやる、嫌なら皆殺しだと詰め寄られ、御寮人は泣く泣く信玄に身を任せたのではないでしょうか。

実は、寅王丸は甲斐に来た後、一度だけですが歴史にその姿を現しています。それは天文十一年（一五四二）、諏訪領を分割していた高遠頼継《たかとおよりつぐ》が武田領に攻め込んできたときのことです。信玄は高遠軍を迎え撃つに当たり、武田軍の大将として幼い寅王丸を担ぎ出しているのです。高遠軍にとってはかつての領主の子供が敵軍の大将なのですから、士気が下がります。狡猾《こうかつ》な信玄らしい作戦です。

しかし、この後、寅王丸の姿は忽然《こつぜん》と消えます、僧籍に入ったという説もありますが、はっきりしたことはわかっていません。どこへ行ったかわからないのです。

私は、たぶん殺されたのだと思います。そして、寅王丸が消えた頃には、諏訪御寮人はすでに子供を産んでいました。

「約束が違うじゃないの！」と言う御寮人に、信玄が言ったのが「それなら、おまえの産んだ子を諏訪家の跡継ぎにすればいいじゃないか」ということだったのでしょうか。だから、御寮人の子は諏訪四郎を名乗った。というのが、真実に近いのではないかと私は思っています。

◇自分の息子でも容赦しない冷徹な領主

諏訪御寮人の産んだ男子・諏訪四郎は、先にも述べたように、後に武田家を嗣ぎ「武田勝頼」と名乗ります。

信玄には、勝頼の前に正室「三条夫人《さんじょうふじん》」が産んだ三人の男子がいました。正室の子が三人もいたのに、なぜ勝頼が武田家を嗣ぐことになったのでしょう。

まず後継者から除外されたのは、次男でした。次男は生まれつきの盲目でした。盲目では武将にはなれないので仕方ありません。三男は早世《そうせい》。でも、長男は健康に成長しています。

後継は、この長男・義信《よしのぶ》で決まり、誰もがそう思っていました。信玄も、義信が十三歳で元服《げんぷく》すると、今川義元の娘を義信と娶《め》あわせていますからそのつもりだったのだと思います。

しかし、永禄《えいろく》三年（一五六〇）、今川義元が桶狭間《おけはざま》の戦いで予期せぬ戦死をとげると、強欲な信玄の心に「この機に今川領を自分のものにしてしまおう」という野心が生まれます。そして、これを機に親子関係に亀裂が生じていきます。

義信の妻は今川義元の娘です。この縁組みを決めたのは他ならぬ信玄です。でも、信玄が今川と縁組みしたのは、義元が強く、戦っても勝算が低いと考えていたからでした。

今川義元は、桶狭間の戦いで若き織田信長にあっけなく負けてしまったので、バカ殿だと思っている人もいるようですが、それは大きな誤解です。義元は領国経営にも戦争にも長《た》けた武将でした。

領土に海を持たない信玄は、海のある今川領をずっと狙っていましたが、義元が健在な限り手が出せない。だからこそ、敵対するのではなく、縁組みをし、同盟を結んだのです。

でも、その義元が死んだことで、信玄の考えが変わりました。なぜなら、義元の跡を継いだ氏真《うじざね》は正真正銘のバカ殿だったからです。信玄には天が与えてくれた好機としか思えなかったと思います。

ところが、義信がこの父親の方針転換に異を唱えます。

「父さん、俺の妻は亡くなった義元の娘で、現当主の氏真は妻の兄だ。頼むから今川を討つなどやめてくれ」

これは私の想像です。実際に義信がどのように反対したかはわかっていません。しかし、義信とその家臣が信玄暗殺を企《たくら》んだとして、永禄八年（一五六五）、義信は幽閉され、関係した重臣たちが処断されたことは事実です。

息子が実の父に敵対するという意味では、義信は信玄が信虎にしたのと同じことを企んだと言えるでしょう。違っていたのは、今度は父親の方が息子に勝ったということです。信玄は嗣子《しし》であっても容赦しませんでした。諏訪四郎を武田勝頼と改めさせ、後継者に指名すると、幽閉されていた義信に切腹するよう命じています。ちなみに、義信の妻は、今川家に戻されています。

実の息子に切腹を迫ったというのですから、かなり冷徹な人物像ですが、これも、信玄を慕う人々の間では、義信が悪いということになっています。義信は父である信玄公に反旗を翻《ひるがえ》したのだから、切腹させられたのも自業自得だ、というわけです。

そして永禄十一年（一五六八）冬、信玄はついに駿河に侵攻します。すると次々と駿河の有力国人《こくじん》が信玄に寝返り、僅《わず》か一週間で氏真は敗走。名門大名・今川家は滅亡します。

◇一代で使い尽くされた甲州金《こうしゅうきん》

信玄は確かに戦争に長けた強い武将でしたが、戦いだけでなく、だまし討ちなど謀略を駆使することでも領土を広げています。

その被害者の一人が、北信濃（長野県北部）の葛尾《かつらお》城主・村上義清《よしきよ》です。村上義清も信玄に劣らず強い武将でした。事実、義清は信玄の侵攻を二度も撃退しています。力では互角、いや、もしかしたら義清の方が強かったのかも知れませんが、両者には決定的な差がありました。そして、その差が二人の明暗を分けたのです。

武田信玄の強さの秘密。

それは領地から豊富に産出した黄金「甲州金」です。

信玄は、この豊富な甲州金を碁石ぐらいの大きさの塊にし、戦争の恩賞や、時には賄賂《わいろ》に、ふんだんに使っています。

信玄が論功行賞の際に、この金の塊を山積みにして傍《かたわ》らに置き、手柄を立てた部将にその金塊を手ですくって与えたという伝承があります。当時の金は非常に高価で、今の感覚に当てはめるとダイヤモンドに匹敵するお宝でした。

それを惜しげもなく手柄を立てた者に与えたのですから、兵の士気はいやが上にも上がったことでしょう。

戦って勝てなかった村上義清から領土を奪うことができたのも、金の力でした。

信玄は金をばらまくことで村上領内に内通者を作り、城を内側から開けさせることに成功したのです。「主君を裏切るなら、この金をやろう」、そう言って金塊をちらつかせ、味方に取り込んだのです。しかし、こうした謀略によって城と領土は手に入れることに成功した信玄ですが、肝心の村上義清を討ち取ることはできませんでした。

その結果、この北信濃奪取は、信玄の生涯にとってみれば、やらなければ良かったというほどの面倒をもたらすことに繋《つな》がります。

なぜなら、生き延びた村上義清が越後《えちご》の上杉謙信を頼っていったことで、信玄は「川中島の戦い」という約十年間、五度にわたる死闘を繰り返さなければならなくなってしまうからです。

誤解している人も多いのですが、上杉謙信と武田信玄の川中島の戦いは、互いの領土を奪い合うための戦争ではありません。村上義清が「信玄という男に、汚い手で領土を奪われました。何とかしてください」と謙信に泣きつき、義に篤《あつ》い謙信が、「よし、わかった。俺が取り戻してやる」と、自分は一文の得にもならないのに、北信濃を義清に取り戻してやろうということで行っていた戦いなのです。

信玄は、繰り返される川中島の戦いで、多くの兵と資金と時間を失います。

でも、それでも豊かな強国を維持できたのは、やはり甲州金のおかげと言えるでしょう。

しかし、この甲州金、なぜか勝頼の時代になるとまったく出て来なくなります。

甲州武田家は、勝頼の代になってすぐに滅ぼされてしまうので、勝頼はバカ殿扱いされることが多いのですが、もしも、信玄の強さの秘密となっていた甲州金を信玄が一代で掘り尽くし、使い尽くしてしまっていたとしたら、金を使えなかった勝頼を無能扱いするのは少しかわいそうだと思います。

◇信玄、最後の出陣の真相

信玄の人物像が見えてきたところで、この章の冒頭で掲げた命題に戻りたいと思います。そう、「信玄が後十年生きていたら、織田信長は天下を取れなかったのか」という問いです。

歴史家の中には、信玄が長生きしていれば、信玄が天下人になり、信長は天下を取ることはなかっただろう、と言う人がいます。

そういう気持ちもわからないではありません。

確かに信玄は強かったからです。信長と信玄は直接対決はしていませんが、信玄が信長軍より強いと定評のあった徳川軍を三方ヶ原でいとも簡単に敗走させていることを考えると、実戦では信長に勝ち目はなかったかも知れません。

実際、信長は信玄が参加した信長包囲網に酷く苦しめられています。

源氏の名門の出で、戦いに強く、領国経営が上手く、豊富な金を持ち、必要とあればとことん冷徹になれる戦国武将・武田信玄は、ある意味、最強の戦国大名と言えるかも知れません。

それでも、**私は信玄は長生きしても天下人にはなれなかった**と思っています。

その理由は、信長だけが身分の壁を乗り越えることができた、というのと同じで、やはり戦国武将の中で、信長だけが乗り越えることができたもう一つの壁が、信玄の前に大きく立ちふさがっていたからです。

ここで、信玄が死ぬ直前に見せた天下への野心を見ておきましょう。

武田信玄は、その晩年に、信長のような身分の低い若造が天下を目指していることに強い憤《いきどお》りを感じました。

「俺の方が身分が高いのに。あんなヤツが天下人になれるというのなら、俺の方がよっぽど天下人にふさわしい」と、細かなニュアンスは違うかも知れませんが、信長より自分の方がふさわしい、と思ったことは確かだと思います。

そして、元亀《げんき》三年（一五七二）十月、信玄は信長との対立を決定的にした足利義昭《あしかがよしあき》の

「信長征伐」要請を受けるという形で京に向けて出陣しました。

信玄最強説を信奉する人の中には、「信玄公は若い頃から天下への野心があった」と言う人もいますが、**もし本当に若いときから天下への野心を持っていたなら、上杉謙信と川中島で十年間も不毛な戦いを繰り返したりしなかったはずです。**

天下を取るためには、やはり都をいち早く押さえることが必要なので、謙信とはとっとと同盟を結び、京を目指して攻め上っていたはずです。信玄と信長は十三歳の年齢差があるので、信玄がいち早く動いていれば、信長だって危なかったかも知れません。

ところが信玄は、近隣との小競《こぜ》り合いばかりしていて、今川義元が死んだときも「目の前の駿河が手に入るなら遠江は松平《まつだいら》にやってもいい」として今川領を家康と分割したのですから、今の自分の領土を少しでも広げることしか考えていなかったことは明白です。

では、そんな信玄が、なぜ急に天下を考えたのでしょう。

もちろん、信長が着々と天下取りを進めているのを見て憤慨したからなのですが、もう一つ、大きな理由があったと私は思っています。

その理由とは、「病気」です。

おそらく信玄は、自分が病であり、余命がもう何年もないことを悟ったのだと思います。そして、自分の人生を振り返り、このまま人生を終えるのは嫌だと思ったのだと思います。

信玄が天下ということを考え始めた「元亀年間」というのは、信長にとっては最も苦しい時期でした。

ちなみに、元亀という年号は室町幕府最後の将軍である足利義昭が将軍位に就《つ》いたときに、天皇に奏請《そうせい》してついた年号です。年号は、今は天皇一代につき一つの年号と決まっていますが、当時はそうした決まりはなく、天皇の意思でいくらでも変えることができました。年号はあくまでも天皇が決めるので、将軍といえど勝手に変えることはできないのですが、天皇に「〇〇というのはいかがでしょうか」と勧めることはできます。ですからこのときも、あくまでも形の上では、将軍が「元亀」という案を天皇に勧め、天皇が変えたということになっています。

実はこのとき、信長は天下を平和にするという意味の「天正《てんしょう》」という年号にしたかったのですが、義昭が「天正は嫌だ、元亀がいい」と言ったので、仕方なく「元亀」という年号にしてもらうよう天皇に奏請したと言われています。

京に上り、義昭という傀儡《かいらい》の将軍を立て、一見すると信長がすでに天下を取ったように見えますが、この時期の信長は、浅井・朝倉《あさくら》と対立したり、石山本願寺が三好《みよし》三人衆と結び、信長を攻めたり、比叡山が信長に敵対したり、いわゆる「信長包囲網」が信長の追い落としに躍起になっていた時期なのです。

その苦しい中、足利義昭の要請を受け「逆賊・信長を討つ」という大義名分を掲げて京へ向かったのが信玄なのです。

◇武田軍と織田軍の決定的な違い

このように見ていくと、さすがの信長も絶体絶命、という感じがしますが、やはり信長は大きな優位を保っていたと私は思います。

それを物語っているのが、信玄の出陣の日付です。

信玄が出陣したのは元亀三年（一五七二）十月。注目していただきたいのは「十月」という部分です。

なぜ信玄は十月に出陣したのでしょう。

実は、十月まで出陣したくてもできない事情が信玄にはあったのです。

その理由とは、稲の収穫です。

戦国時代、どこの大名の兵も、その九割は農民兵でした。農民兵は領内の農民を人件費タダで徴集して使えるというメリットがあります。手柄を立てればもちろん報奨が与えられましたが、普段は農民なので、戦争がない時期は兵を維持する費用がかかりません。

　信玄が治水や新田開発に力を注いだのも、そうして人口が増えれば、それがそのまま兵力の増加に繋がるからでもあったのです。

　こうした状態を「兵農一致」と言います。そして、兵農一致は信玄に限ったことではなく、他の戦国大名もみな同じでした。

　今の兵士は、他国の軍人も、日本の自衛官も、給料をもらって生活しています。これは戦時下も、戦いのない平時も同じです。戦時下ではもちろん戦っているわけですが、平時は何をしているのかというと、基本的には戦いに備え、訓練をしています。

　でも、当時の兵は違いました。当時の最下級の兵は「足軽《あしがる》」と言いますが、彼らは普段何をしているかというと、自分で田畑を耕して、自給自足していたのです。給料はありません。

　この時代、働き盛りの若者を何千人も、仕事もさせずに養うということはできませんでした。そんな余裕は、どこの国にもありませんでした。

　もちろん、武田軍にも上級兵士など一部には農作業をしない人たちもいました。彼らは大名から土地を分けてもらい、その土地を農民たちに耕させ、そこで収穫される米を生活の糧《かて》にしていました。自分では畑を耕さないので、専門の兵士として普段は、弓や馬、槍《やり》や剣術の稽古をしていました。

でも、そうした専門兵士は、たとえば武田軍が一万人いたとしたら多くても一〇〇〇人程度、全体の一割ほどだったと思います。残りの九〇〇〇人は、普段は国の基幹産業である農業に従事する農民だったのです。

当時は今のように機械などないので、農業は重労働です。春の代掻《しろか》きから秋の刈り入れまで休めるときはありません。そのため、とてもではありませんが、働き盛りの男性が田畑を放り出して戦争に行くわけにはいきませんでした。

だから、武田信玄の最後の出撃は、田の刈り入れがすべて終わった秋の終わりの十月だったのです。

秋の刈り入れから、春の代掻きまでの数カ月間しか戦えない。

これはすべての戦国大名が抱えていた事情でした。

ところが信長は、戦国大名の中でただ一人、この「農閑期《のうかんき》しか戦えないという壁」も乗り越えることに成功したのです。

では、信長はどのようにしてこの壁を乗り越えたのでしょう。

◇重農主義の武田信玄、重商主義の織田信長

信玄は領国経営に成功した、優れた領主でした。

しかし、**その経営方法は従来の戦国大名の常識「重農主義」に基づくものでした。つまり、田畑を増やし、人口を増やすことで富国強兵を目指す**、ということです。

これに対し信長は、まったく異なる、当時としては画期的な方法で領国経営に成功します。信長が行ったのは「**重商主義」、つまり、商業を活発にすることで国庫を潤《うるお》したの**です。

この信長の重商主義を象徴するのが、歴史の教科書にも信長と必ずセットで書かれている「楽市《らくいち》・楽座《らくざ》」です。

楽市とは、わかりやすく言えば自由市場、楽座とは規制の撤廃ということです。これが特記事項となっているということは、信長が楽市・楽座を政策として行う以前は、市場は規制によってがんじがらめになっていた、もっとわかりやすく言えば、自由な商売ができない状態だったということです。

厳しい規制のもと、一部の人間しか商売が許されないという環境では、当然の如く物価

は上昇し、その利益を吸い上げる一部の人たちだけが潤います。利権を握っている人はいいかも知れませんが、これでは社会全体の経済発展は望めません。

しかも、当時、紙や油などの工業製品の製造・販売権を独占していたのは、比叡山延《えん》暦《りゃく》寺《じ》を始めとする巨大な寺院でした。彼らは潤沢《じゅんたく》な資金を元手に「僧兵《そうへい》（僧侶の姿をした兵士）」を雇い、武装していました。その力は、小さな大名では太刀《たち》打《う》ちできないほど強力なものでした。

しかも、彼らは「神仏《しんぶつ》」を後ろ盾《だて》にしていたので、たとえ不満を持っていたとしても、「神仏に弓矢を向けるつもりか！」と言われてしまうと、信仰心からも刃向かえなくなっていました。

この誰も手出しできなかった武装宗教団体に果敢に挑《いど》んだのが信長なのです。信長の比叡山焼き討ちは悪魔の所行《しょぎょう》のように言われますが、第一章で触れた足利義教《よしのり》の焼き討ちと同じく、為政者に刃向かう武装集団を潰《つぶ》すことが目的だったのです。

ですから誤解している人が多いのですが、信長は比叡山の宗教活動を禁止してはいません。信長が比叡山に求めたのは武装解除だけなのです。彼らから武力を奪い、利権を手放させなければ、経済は活性化しないし、経済が発展しなければ、民衆の暮らしも良くならない。だから信長は比叡山の徹底的な焼き討ちを断行したのです。信長のやり方はあまりにも厳しすぎると言う人もいますが、人間は徹底的に負けなければ、利権を手放すことはできません。

比叡山は、巨大な力と利権を持っていたからこそ、あそこまで徹底した対処が必要だったということです。

こうして経済を発展させることで資金を得た信長は、それを使って兵を雇いました。世の中には、家を嗣ぐことができない、つまり職にあぶれた次男坊三男坊がたくさんいます。そうした人たちを国の内外から集め、職業兵士として雇ったのです。

これは人々からも歓迎されました。職にあぶれた次男坊や、立身出世を夢見る若者は、身を立てる機会が与えられるし、戦争に行きたくない農民は徴兵から解放され、農業に専念することができるからです。

信長はこうして、戦国時代の大名として初めて「兵農分離」に成功したのです。

◇信長以外、天下を取れなかった理由

信玄の農民兵と信長の専門兵士、どちらが強いかというと、実は農民兵でした。

なぜなら、農民兵は自分の土地や家族のために命がけで戦うからです。専門兵士は、常

日頃から訓練できるので強そうですが、お金のために戦うので、農民兵ほどには必死になれないという弱点がどうしてもありました。

でも、専門兵士には、そんな弱点を考慮しても余りあるメリットがありました。

その一つは、補充が利くということです。

農民兵は、戦争でたくさん失ってしまうと、簡単には補充が利きません。たとえば井沢家という家から父親と長男が徴兵されたとしましょう。戦いに勝てばいいのですが、もし二人とも戦死してしまったら、弟や孫たちが成長するまで、井沢家からは兵士は補充できないということになります。さらに、井沢家では働き手を二人も失うことになるので、農業の生産力も低下します。

つまり、**兵農一致の国では戦死者の多寡《たか》がそのまま国力の強弱に直結してしまうのです。**

これに対して兵農分離は、たとえ多くの戦死者が出ても、比較的簡単に補充が利きます。さらに、戦死者が出ても、農民の数は減らないので生産力が落ちることもありません。

そしてもう一つ、天下を取る上ではこれが最も重要な違いなのですが、兵農一致だと戦争をできる期間が農閑期に限られてしまうということです。

でも、兵農分離であれば、一年三百六十五日、いつでも兵を動かすことができるのです。

これがどのようなことを意味するのか、信玄最後の出陣で説明しましょう。

十月に甲府を出た信玄が三方ヶ原の戦いで信長の盟友である徳川家康を破ったのが十二月の下旬。三方ヶ原の戦いは小雪舞う中で行われたと記録されています。

この戦いで家康をボコボコにした武田軍は、その後、京に向かう途中、浜名湖の北西で突如行軍を停止します。そして、本来なら西に進むルートを北へ変え、三河の長篠城《ながしの》（現在の愛知県新城市《しんしろ》長篠）に入ると、そのまま動きを止めてしまいました。信玄の病が悪化し、それ以上の進軍ができなくなってしまったのです。

そして翌年四月上旬、信玄は亡くなります。

信玄は遺言で、「三年間わしが死んだことは隠し、喪を秘し、そして必ず京に攻め上れ」と言ったと言われています。

Point

信玄に天下取りは不可能だった。常時戦えない兵では勝者になれない！

しかし武田軍はそのまま京には行かず、甲斐に撤退します。信玄の遺言を無視したわけではありません。**すでにこの時点で四月になっていたので、兵たちを国に戻さざるを得なかった**のです。

歴史に「もし」はないのですが、もし、信玄が病気にならなかったら、そのまま京に行って天下に号令できたのではないか、という説があります。

私は、仮に信玄が京に行けたとしても、天下人にはなれなかったと思います。なぜなら、信玄は、一度は都を制したとしても、春になったら軍勢の九割は国元に戻さなければならなかったからです。そのまま軍を京にとどめてしまったら、本国の農業生産がストップしてしまいます。

つまり、**信玄は京には行けても、京の都を維持することはできない**のです。これは、信玄の軍が兵農一致である限り越えられない壁でした。

ということは、信長は、たとえ信玄が京に入ったとしても、春になるまで、じっと岐阜城で我慢していればいいということになります。春になって、武田軍の九割が甲斐国に戻ってから京に入れば、簡単に奪還することができます。

そして、信長の軍は専門兵士なので、一度京をその手に収めれば、ずっと制圧し続けることができます。

武田信玄は、少なくとも若い頃は天下など目指していませんでした。それが人生の最後の最後に、信長に触発され、天下を目指しました。

この信玄の野望は、病に阻《はば》まれ挫折しますが、もし病にかからなかったとしても、成功しなかったと思います。一時的に戦争で勝ったとしても、兵農一致の信玄には都を維持することができなかったからです。

たとえ強くても、一年を通してフル稼働できる信長の兵には、最大でも一年の半分しか稼働できない信玄の軍は勝てないのです。

ですから結論を言うと、後十年長生きしていたとしても、信玄は天下を取れなかったというのが、私の結論です。

当時、天下人になれたのは、唯一、兵農分離の軍隊を実現させた天才、織田信長だけなのです。

第三章のまとめ

- 多くの守護大名が次々と没落していく中で、バージョンアップに成功し、戦国大名に姿を変えた守護大名、その代表が武田信玄です。
- 信玄の治世には新田開発と堤防の建設が進み、洪水で人命や収穫が失われることもなくなりました。だから今でも山梨県では「信玄公」なのです。
- なぜ重臣たちは次男を推す信虎追放に賛成したのか。家臣にとってみれば、「この戦国の世で温厚な領主より、むしろ攻撃的なぐらいで丁度いい」と思ったのでしょう。
- もし信玄が本当に若いときから天下への野心を持っていたなら、上杉謙信と川中島で十年間も不毛な戦いを繰り返したりしなかったはずです。
- 信玄の経営方法は従来の戦国大名の常識「重農主義」に基づくものでした。つまり、田畑を増やし、人口を増やすことで富国強兵を目指すという旧来の方法です。
- 信玄は京には行けても、京の都を維持することはできません。これは、信玄の軍が兵農一致である限り越えられない壁だったのです。

第四章

なぜ、上杉謙信は「正義」を貫いたのか

毘沙門天への信仰と関東管領としての誇り

◇謙信はなぜ「関東管領」になったのか

上杉謙信というのは、他に類を見ない、実に個性的な戦国大名です。

彼はほとんどすべての戦国大名が自国のことしか考えていなかった中で、唯一、自国の利害とは関係のない戦いを数多く行った「義」の人です。

では、なぜ自国の利益にならない戦いをしたのでしょう。それは、彼が「関東管領」だったからに他なりません。謙信は関東管領としての務めを果たすために、義の戦いにその生涯を費やしたのです。

でも、考えてみるとちょっと不思議だと思いませんか？

謙信は「越後国《えちごのくに》（現在の新潟県）」の領主です。関東というにはちょっと距離がありすぎます。なぜ謙信は「関東管領」になったのでしょう？

謙信が関東管領になったいきさつを述べる前に、「関東管領」について説明しておきましょう。

第二章でも触れましたが、室町幕府には、将軍を補佐する役職として「管領」というものがありました。管領は幕政の重職なので、将軍とともに京にいました。

上杉謙信（米沢市上杉博物館蔵）

この京の「将軍・管領」と同じように、武士の本拠地である鎌倉府にも鎌倉公方《かまくらくぼう》とそれを補佐する「関東管領」という役職が置かれるようになります。

このように言うと、室町幕府が任命した正式な役職のように聞こえるかも知れませんが、実態は少し違います。もともとは鎌倉公方や関東管領という役職名があったわけではありません。実態を幕府が追認する形で、正式な役職になっていったのです。

室町幕府の最大の欠点は、京に本拠を置いたということです。武士の本場は関東なのになぜ京に本拠を置かなければいけなかったのかというと、既に述べたように室町幕府が奉じる天皇家（北朝）に対抗して、後醍醐《ごだいご》天皇が奈良の吉野で南朝を開いて頑張ってしまったため、将軍が政権の本拠地である都を離れることができなくなってしまったからでした。

本当は武士の中心地である関東に幕府を置きたいけれど、幕府を移すと都が危ないということで、京に本拠を置かざるを得なかった。

しかし、足利《あしかが》氏も、もともとは関東の出身です。幕府は置けなくても、関東は押さえておかなければならない、ということで、幕府は鎌倉に関東の押さえとして「鎌倉府」を設置し、その長官に将軍の一族を派遣しました。これが「鎌倉公方（関東公方）」の始まりです。

最初は「鎌倉公方」という呼称は使いませんでした。なぜなら「公方」というのは将軍を意味する言葉だからです。

幕府にとっては、派遣したのはあくまでも鎌倉府の長官です。将軍は、鎌倉府は幕府の支店、もしくは出張所というつもりでいました。

ところが、代を重ねるに従って、その支店長が中央の言うことを聞かなくなっていったのです。関東で力を持った鎌倉府の長官は、「俺は鎌倉の将軍だ」ということで「鎌倉公方」を自称するようになっていきました。

これに慌てた幕府は、長禄《ちょうろく》元年（一四五七）、別の足利一族を関東に派遣します。ところが、この足利氏は関東に入ることすらできず、手前の小田原近くの堀越《ほりごえ》という場所に土着し、自分こそ幕府が認めた正式な鎌倉公方だということで、これもまた「公方」を名乗るようになったのです。

つまり、京の公方（足利将軍家）の他に、関東に二人の公方ができてしまったのです。関東の二人の公方は区別するために、先に関東にいた方を「古河《こが》公方」、新たにできた方を「堀越公方」と呼びます。古河も堀越も、いずれもそれぞれの公方の御所《ごしょ》が置かれた場所の地名です。ちなみに、古河とは下総国《しもうさのくに》の古河（現在の茨城県古河市）です。「あれ？鎌倉じゃないの？」と思った人もいると思いますが、これは、もともと鎌倉にいた鎌倉公方が、古河に本拠を移したものです。

すると今度は、この関東の公方を補佐する者たちが、長官が公方なら、それを補佐する自分たちは「管領」だ、とこれまた「関東管領」を自称するようになっていったのです。

京の管領は、斯波《しば》、細川、畠山《はたけやま》という三つの家が交代で職に就《つ》いたため「三管領《さんかんれい》」と呼ばれました。対して関東管領は、当初は上杉と斯波の二家が担っていましたが、やがて上杉氏が独占するようになっていきます。

◇北条《ほうじょう》氏の台頭が関東管領を駆逐した

堀越公方は実権を京の幕府に握られていたため、もともと力が弱かったこともあるのですが、明応《めいおう》四年（一四九五）、当時の堀越公方・足利茶々丸《ちゃちゃまる》が、新興勢力であった北条早《そう》雲《うん》によって追放されるかたちで滅びます。

古河公方はもう少し長持ちするのですが、その勢力はだんだん衰え、逆に関東管領の上杉氏が勢力を伸ばしてきました。しかし、その関東管領・上杉氏も天文《てんぶん》十五年（一五四六）、領土を奪われる事態が生じます。このとき上杉の土地を奪ったのが、北条早雲の孫・北条氏康《うじやす》です。

北条氏康に土地を奪われた時の関東管領は上杉憲政《のりまさ》。彼は、外戚《がいせき》であった長尾《ながお》家に保護を求め、天文二十一年（一五五二）、越後国に亡命します。

憲政が来たときの越後国の当主は長尾景虎《かげとら》、彼は身一つで落ち延びてきた上杉憲政を関東管領として敬意を持って遇しました。そして、何とか領土を取り戻して欲しいという憲政の要請に応《こた》えて、自分の利益にならない北条攻めを行ったのです。

結果から言えば、北条攻めは成功しませんでした。北条が長尾景虎との戦いを避け、小田原城に籠城を決め込んでしまったため戦いにならなかったのです。

北条氏の本拠である小田原城は難攻不落の城です。小田原城は戦国一の巨城だと言う人もいるほど大きく、城内にはなんと籠城に備えて田んぼまでありました。ですから、ただでさえ北条氏と戦うのは大変なのですが、長尾景虎は本拠地が越後なので、関東に出兵すると言っても、動ける期間は限られています。

景虎の小田原城攻めは、軍記ものなどでは、一〇万もの大軍勢で城を一カ月間包囲したとされていますが、計算してみると、実際には十数日しか包囲できなかったのではないかと思われます。

後に、この難攻不落の小田原城は豊臣秀吉によって落とされますが、天下取り目前の秀吉が数十万の大軍をもってしても小田原城落城には三カ月を要しています。

結局、北条氏康は城を出ず、景虎は思うような戦果を挙げることなくやむなく越後へ帰還します。

しかし、これによって思わぬことが起きました。

景虎の献身的な行動に感動した上杉憲政が、上杉の名跡《みょうせき》と関東管領の職を景虎に譲りたいと言い出したのです。

この申し出を一度は辞退した景虎ですが、憲政に熱心に言われ、また、北条攻めに協力してくれた関東の諸将も支持したので、みんながそれほどまでに望むなら、ということで受けることを決めます。

関東管領を継《つ》いだことで、長尾景虎は姓を上杉に、そして、名は憲政から一字をもらい政虎《まさとら》と改めます。その後、上杉政虎は、名を輝虎《てるとら》に改め、最終的には上杉謙信を名乗ります（いくつもの名前を使うと混乱するので、本書では以降「謙信」で統一します）。

こうして越後の関東管領・上杉謙信が誕生したのです。

◇関東管領になったが故《ゆえ》の不幸

室町幕府はすでに有名無実に近い状態とはいえ、権威はあります。さらに、本書で何度も述べてきたように当時は「身分の壁」というものが厳然として存在していました。

謙信の生まれた長尾家は、もともとは越後国の守護代です。そういう意味では、今でこそ越後国の大名ですが、成り上がりものの戦国大名です。それが関東管領の立場と由緒《ゆいしょ》正しき上杉の名を賜《たまわ》るというのは、間違いなく名誉なことです。

普通の戦国大名なら、喜んで受けて、その地位を自分の領土を増やすのに利用したことでしょう。

そう考えると、上杉憲政もなかなか思い切った決断をしたと言えます。

しかし、憲政にもそれだけの思い切ったことをする理由はありました。最大の理由は、後継者になるはずだった息子を北条氏康に殺されてしまっていたことです。跡を継ぐ子供を失った憲政が、どうせ他の人が継ぐなら、自分のためにこれほど親身になってくれた謙信に譲りたいと思ったのでしょう。

武田信玄は戦国大名の中でも強欲で女好きでしたが、ライバルとして知られる上杉謙信は、真逆の意味で極端な人間でした。無欲と言ってもいいほど欲はなく、妻を持つことはおろか、生涯不犯《ふぼん》（一生涯女性と性的関係を持たないこと）を貫いているのです。

世の中の名誉や地位や財産にまったく興味を示さず、その生涯に数多くの戦いをしていますが、自分の領土を広げるための戦いは一度もしていません。

にわかには信じがたい話ですが、すべての大名が領土欲むき出しでしのぎを削っていた中で、謙信ただ一人が、常に「義」のためだけに戦っていたのです。

こうした謙信の性格を考えると、関東管領を継いだことが、必ずしも幸せなことだったとは言えません。むしろ、謙信にとっては、背負わなくていい荷物を背負わなければならなくなったアンラッキーな出来事だったのではないかと思います。

上杉謙信は非常に真面目な人物です。

だからこそ、関東管領を継いだとき、彼は次のように考えたのだと思います。

「関東管領は幕府の正式な役職で、その任務は関東を鎮《しず》めることだ。今の関東は、成り上がり者の北条氏康が、いわば不法占拠しているような状態だと言える。私が関東管領を継いだ以上は、氏康を倒し、関東を正しい状態に戻さなければならない。それが関東管領を受け継いだ自分の義務だ」

こうして謙信は、関東管領を継いだがために、わざわざ遠く離れた越後国から長距離を遠征して氏康に戦いを挑《いど》まざるを得なくなってしまったのです。

しかも、実を言うと、関東管領になってしまったがために彼が戦わなければいけなくなった相手は北条氏康だけではありませんでした。川中島の戦いで知られる武田信玄との戦いも、第三章でも述べたように、信玄に国を追われた北信濃《しなの》の村上義清《よしきよ》に泣きつかれての出兵でした。

ちなみに、川中島の戦いというのは、五度行われているのですが、その中で最大の死闘となったのが、永禄《えいろく》四年（一五六一）の第四回川中島の戦いです。

これは、謙信が信玄のいる本陣に単騎切り込んだというエピソードで知られる戦いですが、謙信が危険を冒《おか》してまで死闘を繰り広げた理由も、関東管領を継いだことと関係しているのではないかと思っています。

なぜなら、第四回川中島の戦いは、謙信が正式に関東管領を受け継いだ直後の戦いだからです。

謙信は、関東管領になったがために、一文の得にもならない無駄な戦いに、時間と経費と大事な人命を費やすことになったのです。

もし謙信が関東管領を継いでいなかったら……。おそらく彼の人生は大きく違っていたことでしょう。

Point

正義心の強い謙信にとって、「関東管領」は重い足かせとなった。

◇謙信の強い信仰心の源

戦国時代には、様々な個性を持った武将が登場しますが、最も個性が際立《きわだ》っている人を一人挙げろと言われたら、私は間違いなく上杉謙信を挙げます。

なぜなら、彼のような無欲な武将は他に一人もいないからです。唯一無二の個性を持った戦国武将、それが上杉謙信なのです。

一体どんな環境がこれほど際立った個性を育《はぐく》んだのでしょう。

上杉謙信が生まれた長尾家は、もともと越後国の守護代でした。

謙信は無欲の人ですが、彼の父、守護代だった長尾為景《ためかげ》は、守護大名の上杉房能《ふさよし》を追い落とし、越後国の支配権を握り、戦国大名として君臨した人なので、それなりの欲を持った人でした。

享禄《きょうろく》三年（一五三〇）、謙信はその為景の子として生まれます。幼名「虎千代《とらちよ》」。後にライバルとなる武田信玄の九歳下です。謙信は長男ではありません。嫡男《ちゃくなん》である兄・晴景《はるかげ》とは二十一歳の年齢差があり、しかも、母の虎御前《とらごぜん》は後妻なので兄とは異母兄弟でした。

謙信が七歳の時、父・為景が病気に倒れます。自分の死後、跡目《あとめ》争いが起きるのを防ぐためだったのでしょう、為景は幼い謙信を林泉寺という寺に預けます。

兄と二十一歳も歳が離れていれば、跡目争いなど起きないのではないか、というのは少々甘い考えです。どんな組織でも必ず不満分子はいるものです。いくら歳が離れているといっても、弟が有能であればあるほど、当主に担ぎ上げようという者が現れやすく、そうなったら家中《かちゅう》は乱れ、国力も落ちてしまいます。

でも何よりも為景が心配したのは、謙信が争いに巻き込まれ、殺されてしまうことだったのではないでしょうか。おそらく為景は、晩年に若い後妻との間にできた謙信がかわいくて仕方がなかったのだと思います。

でも、いくらかわいくても、年長の兄を廃嫡《はいちゃく》して幼い謙信を跡継ぎにするわけにはいきません。かといって、謙信が成長するまで自分の命は持ちそうもない。ならば、せめてかわいい謙信が、お家騒動に巻き込まれて殺される心配がないように手を打とう。それには僧侶にするのが一番確実だ。そう思ったのではないでしょうか。

結論から言うと、この為景の危惧は杞憂《きゆう》に終わります。

でも、「幼くして寺に入った」ことは、謙信の人格形成に大きな影響を与えたことは間違いないと思います。

戦国大名に神仏《しんぶつ》を篤《あつ》く信仰する人は珍しくありませんが、謙信のそれは群を抜いています。旗印に毘沙門天《びしゃもんてん》を意味する「毘」の字を用いたことは広く知られていますが、それとは別に「刀八（兜跋《とばつ》）毘沙門天」と書かれた小旗も数多く使っていました。

毎月、毘沙門堂に籠《こ》もって祈りを捧げ、上洛《じょうらく》したときには、必ず高野山《こうやさん》を参詣《さんけい》していました。晩年に剃髪《ていはつ》し、法名《ほうみょう》を名乗る武将は少なくありません。武田信玄の「信玄」も法名です。しかし、信玄の出家・法体は名ばかりで、その中身は死ぬ間際まで天下を夢見るという欲に満ちたものでした。

しかし、謙信の場合はそうではありません。おそらく、彼が生涯不犯を貫いたのも、それが僧侶の戒律だったからなのではないかと思われます。

◇わずか二十二歳にして越後支配を確立

幼い時から自分は僧侶になるのだと思って学問に励んでいた謙信ですが、父の死後、思わぬ形で還俗《げんぞく》することになります。

父の跡を継いだ兄の晴景が、城に戻り自分を助けて欲しいと言ってきたのです。

晴景は体が弱く、武将としても大名としてもそれほど優れた人ではなかったようです。

それにしても、二十一歳も年下の、しかも母の違う弟を頼るというのは奇異な感じがします。

実は、このあたりの事情は史料が混乱していて、はっきりとしたことはわかっていないのですが、寺で修行をしていた謙信があまりにも優秀で評判となり、そんなに優秀ならこのまま僧侶にしてしまうのはもったいないという声が家中で上がり、晴景が積極的にその意見を支持したとされています。

いずれにしても、謙信が還俗し、兄のため、長尾家のために働くようになったことは事実です。ちなみに、この還俗したときの名前が「長尾景虎」です。

「栴檀《せんだん》は双葉より芳《かんば》し」（大成する者は幼い頃より優れている）という言葉がありますが、謙信はまさにそのタイプだったようです。

天文十二年（一五四三）、謙信は兄・晴景の命で、越後中央部に位置する古志《こし》郡の栃尾《とちお》城に入ります。何とこのとき謙信はまだ十四歳。平和な時代のお飾り的大将ならまだしも、時は戦国時代です。二十一歳年上の兄が頼りにし、国人《こくじん》たちもこの人事を受け入れたということは、やはり謙信が幼い時からかなり優秀な人物だったということなのだと思います。

しかし、謙信が有能な武将であることが明らかになるにつれ、家中に恐れていたことが起きます。病弱で凡庸な兄・晴景を廃し、謙信を当主にすべきだという声が生じたのです。

特に熱心にこれを訴えたのが、謙信の居城・栃尾城周辺の国人たちでした。しかし、当然のことながら、これまで晴景を支えてきた府内《ふない》（国府中心地《こくふ》）を中心とする国人たちは反対します。両者は譲らず、国内は二派に分かれてしまいました。史料が少ないので、両者の間で合戦があったかどうかはわかりませんが、おそらくなかったのではないかと思います。少なくとも謙信が、自分が当主になるために兄に刃を向けるようなことをするとは考えられません。

それにこの争いは程なく和解しています。

和解の条件は、謙信が晴景の養子となって長尾家を嗣《つ》ぐというものでした。幸い、病弱だった晴景には子供がなく、そこで再び跡目争いが起きる心配はありませんでした。

和解が成立すると、謙信は栃尾城を出て、兄の居城、国府にある春日山《かすがやま》城に移ります。

これで一件落着と言いたいのですが、一人、謙信に従う姿勢を見せない者がいました。謙信の姉婿《あねむこ》にして同じ長尾一族の長尾政景《まさかげ》です。

政景の妻は、謙信の四歳上の同母姉。おそらく政景は、もとは寺の小坊主で、ほんの数年前に元服《げんぷく》したばかりの若造を、越後国の国主《こくしゅ》と認めることなどできないと思ったのでしょう。

また、政景には、謙信が京の将軍に自分を正式な越後国の国主として認めて欲しいと要請したことも気に入らなかったようです。

当時の幕府には、もはや力はありません。あるのは権威だけです。でも、だからこそ幕府は、この権威に基づく官職を与えることで自分たちの命脈を保っていました。売官《ばいかん》、つまり、官職をお金で売っていたのです。

謙信の要請が認められたのも、越後国から莫大《ばくだい》な金品が将軍に献上されたからでした。このように言うと、謙信が身分を金で買ったように思うかも知れませんが、彼の気持ちはただ単に「正式な立場として認めて欲しい」ということだけだったのだと思います。しかし、政景には、こうした富を自由に使える越後国主の立場を、若造に取られるのは口惜しかったのでしょう。

そして天文二十年（一五五一）、ついに政景と謙信の対立は合戦に発展します。

残念ながら、この合戦の詳細も史料不足からはっきりしたことはわかっていません。わかっていることは、最終的に政景が謙信からの和睦《わぼく》に応じ、越後国が謙信のもとに結束したということです。このとき謙信は、まだ二十二歳の若さでした。

◇謙信にとっての官位

やっと国内がまとまったと思ったのもつかの間、翌年の正月早々関東管領・上杉憲政が越後へ亡命してきます。

越後の正月と言えば雪の中です。その雪を掻き分けて来たのでしょう、憲政がそのとき持参した文書には雪に濡れたような痕跡があったと言います。

真面目な謙信は、身一つで逃げてきた憲政のために新しい館《やかた》を建ててもてなしています。とはいえ、これは謙信が望んだことではありませんでした。いわば行きがかり上、仕方なく受け入れたものだと言っていいでしょう。本心を言えば、この時期に余りトラブルを抱え込みたくはなかったはずです。なぜなら、この時期に謙信が考えていたのは、一刻も早く上洛したい、ということだったからです。

上洛と言っても、これは織田信長や、晩年の武田信玄のように天下を狙《ねら》っての上洛ではありません。謙信には天下人になりたいなどという野心は毛頭ありません。

では、なぜ上洛したかったのでしょう。

それは、父の代に守護代から成り上がった長尾の家を、越後の正式な国主として幕府に認めてもらいたかったからです。もう少し別の言い方をすれば、謙信は将軍家を中心とした幕府秩序の回復を望んでいたのです。そして自分も、正式な立場でその秩序の中に参加したかったのだと思います。

正式な立場で、越後の支配を確かなものにするためには、官位をもらうことが必要です。

官位は朝廷が授けるものですが、さすがに無位無冠の者がいきなり「官位をください」と言ってもらえるものではありません。

まずは武家の棟梁《とうりょう》である将軍に認めてもらい、その後、将軍に仲介してもらうことで初めて朝廷から官位を授かることができるのです。もちろんそのためには、将軍への仲介料や朝廷への礼物などかなりの金品を納めることが必要でした。

先ほど、「謙信が京の将軍に自分を正式な越後国の国主として認めて欲しいと要請し、金品を献上したことに姉婿の政景が不満を持った」と申し上げたので、「あれ？　あのときすでに正式な国主に認められたんじゃないの？」と思った方もいるでしょう。

実は、当時の将軍家は権威を切り売りすることで糧《かて》を得ていたので、いろいろと細かな段階に分けて「認可」を与えていたのです。

先に謙信が要請したときには、まだ謙信を越後守護とは認めていないのです。このときに認めたのは、位の高い武家だけが使用できる「毛氈鞍覆《もうせんくらおおい》」と「白傘袋《しろかさぶくろ》」の使用を認めるというものでした。つまり、格式だけは国主と同等のものを使用することを認めるが、正式な守護としてはまだ認めない、という中途半端なものだったのです。

ちなみに、官位を望む謙信に最初に与えられたのは、位が「従《じゅ》五位の下」、官職が「弾《だん》正少弼《じょうしょうひつ》（弾正台の次官）」というものでした。これは今で言えば検察庁の係長クラス、決して高い官位ではありません。

当時の足利将軍家は、こうして一人の人物に何度も何度も要請させることで、何度も金品を献上させる、ということをしていたのです。

◇川中島の戦いはなぜ決着がつかなかったのか

この時期、謙信を頼って落ち延びてきたのは、関東管領・上杉憲政だけではありませんでした。憲政が来た翌年、天文二十二年（一五五三）には、武田信玄に国を奪われた北信濃の村上義清が、「信玄から国を取り返して欲しい」と謙信に泣きついています。

普通の戦国大名はこのような願いに応じることはまずありません。自分たちの国を守り、またあわよくば自国の領土を広げる戦いだけで手一杯だからです。そもそも、他人のために自分たちが命がけで戦ってあげる義理はありません。しかし、義に篤い謙信は、憲政のときと同じように、義清の頼みにも「よしわかった」と応えます。

こうして謙信は、関東の北条と甲斐《かい》国の武田という二つの強敵を同時に相手にしなければならなくなってしまったのです。同時に二つの強敵を相手にするなど、普通は子供でもしません。それがいかに不利なことかわかるからです。

賢い謙信にその危うさがわからなかったわけがありません。つまり、**謙信はすべてを承知の上で、自らが信じる「正義」のために戦った**のです。

こうして始まった武田信玄との戦い「川中島の戦い」は、全部で五回行われています。

第一回川中島の戦い　天文二十二年（一五五三）
第二回川中島の戦い　天文二十四年（一五五五）
第三回川中島の戦い　弘治《こうじ》三年（一五五七）
第四回川中島の戦い　永禄四年（一五六一）
第五回川中島の戦い　永禄七年（一五六四）

第一回目は、村上義清が謙信を頼ってきた天文二十二年、その年に行われています。

なぜこれほど回を重ねることになったのかというと、双方共に兵農一致だったからです。

両軍とも専門兵士ではないので、決着がつくまでいつまでも戦う、というわけにはいきません。前章でも触れましたが、農民である彼らは農閑期《のうかんき》しか戦えないからです。

ですから川中島の戦いの多くは、刈り入れが終わった頃に、まるで双方が待ち合わせでもするかのように、川中島に出陣するという形で行われています。しかも戦場となった川中島は信濃国です。秋が深まるとすぐに冬になり、ちらちらと雪が降ってきます。

そうすると、もう謙信にとってはタイムリミットです。信濃あたりでちらちら雪が降るということは、越後では大雪になる可能性もあるからです。はやく帰途につかなければ、下手をすると雪に阻《はば》まれ帰れなくなってしまいます。**戦えるのは、ほんの僅《わず》かな期間に限られていた、ということです。だから勝負がつかなかったのです。**

勝負がなかなかつかなかった理由は、もう一つあります。

それは信玄が「守り」に徹したからでした。

信玄にしてみれば、謙信は台風のようなものです。長期戦にならないことはわかっているので、下手に積極的に戦うよりも、嵐が過ぎ去るのを待つように守りに徹した戦いをすれば、領土を守ることができる。兵農一致の場合、戦争で兵を失うということは、同時に農業の働き手を失うということなので、国力の低下に繋《つな》がってしまいます。できるだけ兵を失わないようにするには、守りに徹するに越したことはありません。

相手が積極的な戦いに出なかったことで、謙信は別の手を打とうとしています。

同年、最初の上洛を果たしたときに、将軍・義輝《よしてる》に会い、信濃国を謀略を使って奪った信玄の無法を訴えているのです。

おそらく、謙信は自分の戦いが「義」に基づくものであることを伝え、できれば自分を信濃守護に任命してもらう布石《ふせき》にしたかったのだと思います。そして、任命された暁《あかつき》には、信玄に「私は将軍から正式に信濃守護に任命された。その権限で申し渡す。即刻かすめ取った領地を放棄して本国へ帰れ！」と言いたかったのだと思います。

しかし、謙信の思惑は失敗します。

信玄は、その後、第二回、第三回と、同じような消極的な戦いをしてしのぎながら、将軍に根回しをし、謙信が欲しかった信濃守護の職を先に得てしまったのです。

謙信が永禄二年（一五五九）に二度目の上洛をし、将軍に「どうか私を信濃守護に」とお願いしたときには、すでにそれは信玄のものになってしまっていたのです。

将軍・義輝は謙信の人柄を大変気に入っていたので、何とか望みを叶えてやりたかったに違いないのですが、一度誰かに与えた職を、他の者にも二重に与えることはさすがにできませんでした。

何しろ当時の将軍は、「売官」で生活が成り立っていたのですから、信用を損ねる二重売りは絶対にできません。「守護職」という商品は各国にたった一つしかないからこそ貴重なのです。

◇謙信の「単騎乗り込み」は本当だ！

こうして信濃守護の立場で信玄を追い払うという計画に挫折した謙信は、これ以上不毛な戦いを続けたくないと思ったのでしょう。

第四回川中島の戦いでは、謙信は集められるだけの兵を集め、決死の覚悟で臨んでいます。その数一万三〇〇〇。対する信玄は、総勢二万の兵で迎え撃ったと言います。この戦いは、その時点での史上最大の激戦だったと言われています。

戦場となった川中島というのは、犀川《さいがわ》と千曲川《ちくまがわ》が合流するところにできたデルタ地帯、つまり川の中州《なかす》です。その中州で大規模な白兵戦《はくへい》が繰り広げられたのです。ちなみに、白兵戦というのは、双方が弓や鉄砲など、いわゆる飛び道具で戦うのではなく、刀や槍で直接兵が戦い合うことです。

このときの戦いは非常に激しく、合戦終了後、信玄は上杉軍を一万三〇〇〇人中三〇〇〇人討ち取り、対する謙信も武田軍を数千人討ち取ったと豪語しました。上杉軍の戦死率は二十三％、ほぼ四人に一人が戦死したことになる激戦でした。当時の戦争の戦死率はおしなべて低く、戦死率五％を上回ると多くの死者が出た激戦と認識されます。それが二十三％もの兵を失ったというのですから、ものすごい大激戦だったと言えます。

そんな大激戦の中、謙信にまつわる有名なエピソードが伝えられています。それは、上杉謙信がたった一騎で、本陣にいた敵の大将・武田信玄めがけて突っ込んだというものです。

騎乗したまま信玄めがけて刀を振り下ろす謙信、信玄は床几《しょうぎ》に座ったまま、とっさに手に持っていた軍配で、その斬撃を受け止める。しかし謙信の猛攻は続き、信玄は続く二《に》の太刀《たち》で腕を、三の太刀で肩に傷を負った。そして後から軍配を調べてみると、謙信が斬りつけた刀の跡が七カ所もあった、というのです。そのことから、この一騎討ちの跡は、「三太刀七太刀の跡」と呼ばれています。

斬りかかる謙信と、その刀を軍配で受け止める信玄、その姿は、信玄の本陣が置かれていた八幡原に建つ八幡社に銅像として再現されています。

しかし、この一騎打ちを歴史学者の先生方は、「そんなドラマのようなことがあるわけない」と否定します。でも私は、一〇〇%とは言いませんが、事実だった可能性は高いと思っています。その理由は幾つかあります。

まずは謙信の人柄です。

普通の大将は決して一人で敵陣に突っ込んで行くようなことはしません。なぜなら、当時の戦いは将棋と同じで「王将（大将）」が取られたら即、負けが決まってしまうからです。

桶狭間《おけはざま》の戦いを思い出してください。信長が僅か数千で今川軍二万に勝てたのは、その数千の兵を集中的に使って、敵の大将・今川義元《よしもと》の首をとったからです。

現代の戦争では、戦闘中に総司令官が戦死しても、副司令官がすぐに総司令官の役割を果たすというシステムが確立しているので、即負けが決まることはありません。でも当時は、そもそも大名同士の戦いなので、大将が討ち取られたらその戦《いくさ》は負けなのです。いくら兵が無傷でたくさん残っていても、ダメなのです。

ですから、戦国時代の大将は、本陣深く、最も安全な場所にいて采配《さいはい》を振るうというのがセオリーだったのです。

学者の先生方が「あり得ない」と言うのはこのためです。

確かに常識ではあり得ないことでしょう。でも、そのあり得ないと言われていることをやったのは、他ならぬ謙信だということを考えると、私は充分あり得ると思うのです。というのも、上杉謙信という人は、自分は武神《ぶしん》の化身《けしん》だから決して死なない、と思っていたようなのです。

どういうことかおわかりでしょうか？

敵陣に大将が突っ込んで行ってはいけないのは、そんなことをしたら鉄砲や弓矢の的になって、死んでしまう確率が高いからです。でも、謙信は「自分は武神の化身なのだから決して敵に殺されることはない」と思っていました。ということは、死ないことが保証されていれば、敵陣に突っ込んでも大丈夫、ということになります。

信仰は、謙信という人を知る上でとても重要なファクターなのです。

◇謙信の兜《かぶと》に隠された知られざる思い

確かに謙信は負け知らずの非常に強い武将です。

それこそ農閑期は毎日のように戦っているのに、一度も負けたことがありません。その上、彼は馬術の達人でもありました。

だからといって、死なないと信じていたというのは、あまりにも極端なのではないか、と思われた方もいることでしょう。

でも、実は謙信はこの一騎打ちの他にも、「自分は絶対に敵に殺されることはない」と心から信じていないとできないような行動を取っているのです。

それは、関東に北条攻めに行ったときのことです。

謙信は、わざわざ酒瓶と杯を持って、一人で敵の城に近づいて行ったのです。そして、敵の射程距離内に入ると、地面にどっかと腰を下ろして、悠々と持参した酒を飲み始めたのです。

北条軍がいくら籠城を決め込んでいると言っても、敵の大将がたった一人で射程距離内に来てくれているのです。こんな好機はありません。当然のことながら、北条軍は一斉に弓や鉄砲を謙信めがけて討ち込みました。

ところが雨あられと敵の矢弾《やだま》が降ってきても、なぜか謙信には当たりません。そして酒を全部飲み干すと、謙信は自分の陣に戻り、「どうだ、俺に弾は当たらなかっただろう」と言ったというのです。自分は死なないと信じていなければできない芸当です。

では、謙信はなぜそこまで自分のことを信じることができたのでしょう。

私は、これは謙信の強い信仰心と深く関わっていると思っています。先に、謙信が毘沙門天を篤く信仰していたということを述べました。毘沙門天は軍神です。それを篤く信仰する自分は、神の力によって守られている、だから決して敵に討たれて死ぬようなことはない、と「信じた」のでしょう。

神を信じるということは、神の力、つまり加護を信じるということだからです。

他の人から見れば、危険きわまりない無謀なことでも、謙信にとってはそれは無謀な行為ではなかったのです。

さらに、謙信の信仰というものをもう少し掘り下げてみると、毘沙門天信仰は、どうも「公的な信仰」であり、謙信自身は飯縄権現《いいづなごんげん》を強く信仰していた可能性が高いのです。

事実、上杉軍の旗印は毘沙門天の「毘」ですが、謙信が愛用した兜《かぶと》の前立《まえだて》は飯縄権現でした。謙信というと、頭巾《ずきん》姿が有名なので、兜をかぶっている姿がイメージしにくいかも知れませんが、謙信の兜の前立は、山形県米沢市の上杉神社の宝物殿で展示されています。ちなみに、「愛」の前立で有名な直江兼続《なおえかねつぐ》の兜もこの宝物殿で見ることができます。

兜の前立というのは、それをかぶる武将の目印であるだけでなく、武運を祈るための一種の呪具《じゅぐ》だとされています。つまり謙信は、戦勝の神である飯縄権現に自分の武運を託していたということです。

そして、この飯縄権現の最大の特徴というのが、この神を一心に信仰する者は神通力《じんつうりき》（超能力）を得ることができるというものなのです。

色々威腹巻　兜、壺袖付　附 黒漆鎧櫃〈伝上杉謙信所用〉（上杉神社所蔵）

しかし、この神通力を得るためには、「ケガレ」を持つ存在である「女性」とは、一生関係を持ってはいけない、とされているのです。

思い出してください。謙信は生涯不犯、つまりまったく女性と接しない人生を貫いています。これはあくまでも私の推測ですが、そうした厳しい決まりを守って信仰していたからこそ、謙信は神の、飯縄権現の加護を心から信じることができたのではないでしょうか。

◇敵の啄木鳥《きつつき》作戦がもたらした好機

理由はまだ他にもあります。

それは、謙信は組織のトップだということです。組織のトップは部下と組織の名誉を守る責任があります。

川中島の戦いは、たとえ勝ったとしても謙信には一文の得にもならない、いわばボランティアの戦いです。戦ってくれている兵士たちには、もちろん何らかの形では報酬を払っていたのでしょうが、基本的には謙信の掲げる「義」に賛同して戦ってくれているのです。

謙信が単騎敵陣に突っ込んだとされているのは、激戦の最中ですから、この時点ですでにかなりの人間が死んでいます。それは「義」のための死に他なりません。

だとしたら、ボランティア軍の大将としてやるべきことはなんでしょう。

自分の身を犠牲にしてでも、信玄を討ち取ることなのではないでしょうか。そう考えると、謙信が単騎で敵陣に突っ込む理由はあるのです。

さらにもう一つ、重要なことがあります。

それは、仮に謙信が「義のために命を投げ出してくれた部下のために、自分の命に替えても」と思ったとしても、これが普通の戦いなら条件的に難しかったでしょう。なぜなら大将のいる本陣は、屈強な武者で守られているのが普通だからです。そんなところに単騎で突っ込んだら、彼らに邪魔されてしまいます。

そして、謙信がその邪魔者と斬り合っている間に、敵将・信玄には逃げられてしまったでしょう。

ところが、あのとき信玄の周りには僅かな兵しかいなかったのです。

そして、謙信はそのことを知っていました。

そう考えれば、謙信の単騎突っ込みは、常軌を逸《いっ》した無謀な行為ではなく、「今なら信玄の周りは誰もいない、これならヤツの首がとれるかも知れない」という冷静な状況判断に基づくものだった可能性も充分あり得るのです。

では、なぜ信玄の周りに守りの兵がいなかったのでしょう。

これはドラマなどで何度も描かれた有名な話なのでご存じの方も多いと思いますが、実はこのとき、武田軍は、軍師・山本勘助《かんすけ》の立てた「啄木鳥作戦」を決行していたのです。

川中島は川の中州です。

謙信の軍は、その川中島を見下ろす妻女山《さいじょさん》というところに陣を張っていました。

戦うとき、山を登って攻めるというのは不利です。敵が山の上で待ち受けることになるので、鉄砲で狙われたり、石を落とされたりして、兵の消耗も大きく、また、なかなか上にたどり着けないからです。

つまり、謙信が妻女山にいる限り、武田軍は攻撃がしにくいのです。

そこで軍師・山本勘助は次のような作戦を提案しました。

まず軍勢を二手に分けて、妻女山の敵陣に夜襲をかけます。夜陰《やいん》に紛れて山を登り、相手が油断して寝ているところを背後から攻めるのです。これが一の矢です。

そうすれば、夜襲が成功してもしなくても、上杉軍は必ず慌てて川中島に下りてくるはずだから、そこを残った兵で討ち取ってしまおう、というのです。

これを軍師・山本勘助は「啄木鳥作戦」と名づけました。なぜ啄木鳥なのかというと、実は違うのだそうですが、当時の人は啄木鳥はコンコンコンと木をたたいて虫がびっくりして出てきたところをぱっくり食べるという鳥だと思っていたらしいのです。

つまり、半分兵を使って、上杉軍を驚かせ、戦場に出てきたところを武田軍がパクッと食ってしまおう、ということなのです。

ところが、謙信は、ふとした敵陣の変化で、この作戦を見抜いてしまうのです。

これも有名な話ですが、彼が気づいたきっかけは、武田軍の炊事の煙の量の変化だったと言います。普段よりも二倍ぐらい炊事の煙が上がっていたのです。

それを見た謙信は、その理由を考えます。そして、武田軍が弁当を一食分、余分に作っているのだ、ということに気づくのです。そしてなぜ一食分余分に作る必要があるのかと考え、啄木鳥作戦の全容に気がついたと言われています。

そこで上杉軍は敵の裏をかき、夜、相手が上ってくるときに、そっと山を下ります。さらに、敵が戻ってくるのを少しでも遅らせるために、川を渡る橋のところに一〇〇〇人の兵を配し、敵を待ち伏せさせました。

そうして、約一万二〇〇〇人程度の兵力で、夜が明け始めた早朝、武田軍に一斉攻撃をかけたのです。

そのとき、川の中州である川中島は深い霧が立ちこめていたと言います。

山本勘助（山梨県立博物館蔵）

ちなみに、このときの様子を詠じたのが、幕末の名詩人にして歴史家だった頼山陽《らいさんよう》が『日本外史』に綴った有名な一節です。

鞭声粛々夜過河　べんせいしゅくしゅくよるかわをわたる
暁見千兵擁大牙　あかつきにみるせんぺいのたいがをようするを
遺恨十年磨一剣　いこんじゅうねんいっけんをみがき
流星光底逸長蛇　りゅうせいこうていちょうだをいっす

武田軍は上杉軍の接近に気がつきませんでした。

そのため、霧が晴れてきたとき突然目の前に敵の大軍が現れてほとんどパニック状態に陥《おちい》ります。無理もありません。妻女山でボコボコにやられているはずの上杉軍が、目の前にいるのです。

しかも、味方の半分を妻女山に送っているので、数の上でも上杉軍の方が上回っているのです。味方が戻ってくれば形勢は逆転しますが、戻ってくるまでには、少なくとも当時の時間で「二刻」、今の時間で言えば四時間は必要でした。

武田軍にとっては、なんとしても持ちこたえなければならない四時間であり、対する上

●第四回川中島の戦い――武田軍・上杉軍の進軍図

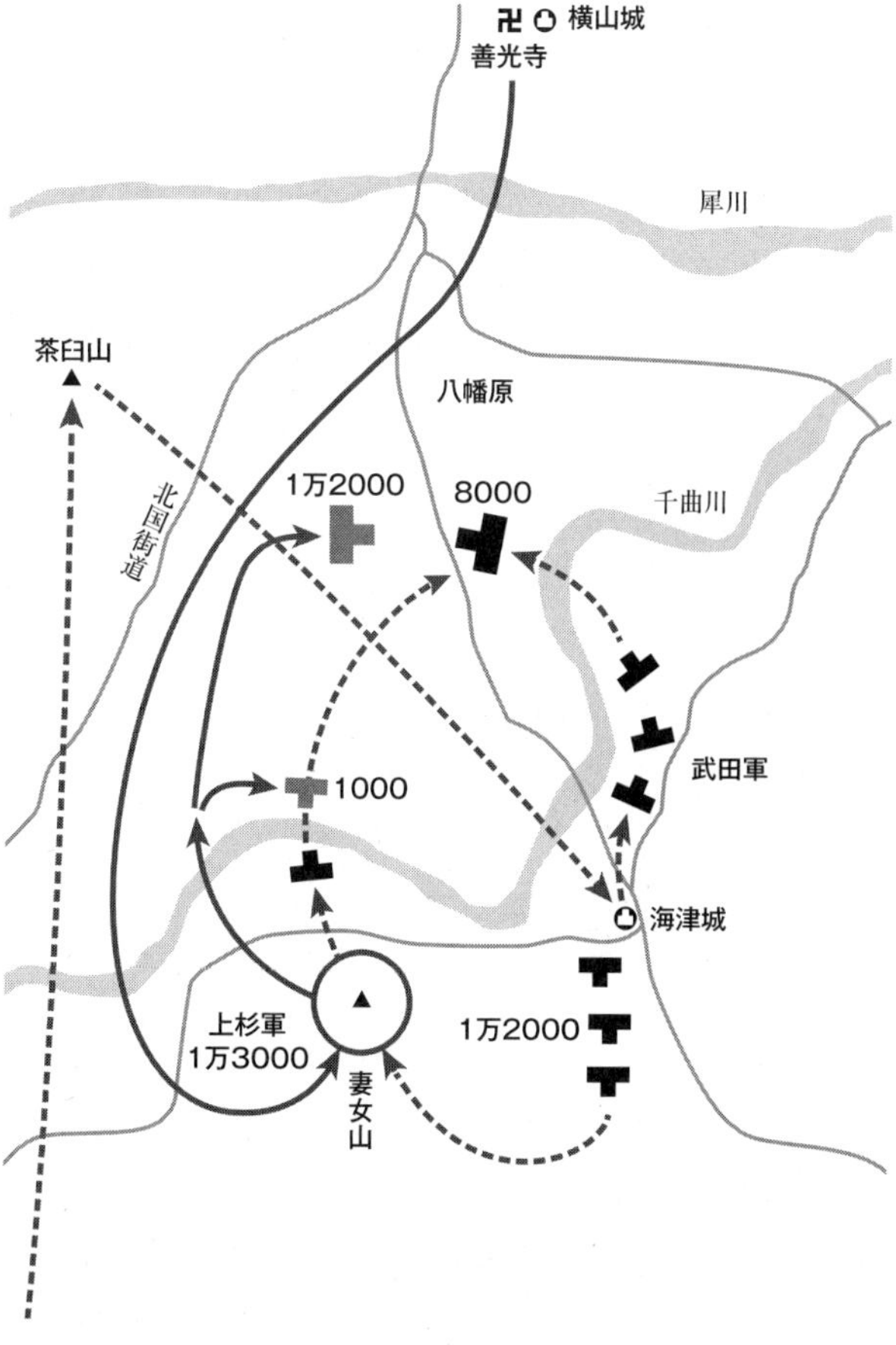

杉軍にとっては、なんとしてもここで勝負を決めなくてはならない四時間でした。

ですから上杉軍は武田軍に猛攻をかけ、武田軍は持てる兵力すべてで立ち向かいました。この敵と味方もわからないような激戦の中で武田軍は軍師の山本勘助と信玄の弟の武田典厩信繁《てんきゅうのぶしげ》を失っています。

これは想像ですが、武田信繁は、信玄にとてもよく似ていたことから、信玄を守るために、信玄の鎧《よろい》を自ら着て「俺が信玄だ」と名乗りを上げて、敵の目を自分に向けることで、信玄を守って討ち死にしたのではないかと思われます。

信玄の身代わりになった、ということです。

でも、これはある意味、そこまでしなければ信玄を守れなかった。つまり、信玄の守りにさける兵がほとんどいなかったという武田軍の窮状をものがたっているとも言えます。

私は、実際にそういう状況があったのだと思います。

本来なら、そばについている足の不自由な山本勘助すら出撃していたのです。

それだったら、謙信がこの好機に命運を賭したとしても不思議はありません。

これが事実だったとすれば、謙信はかなり冷静だったと思います。なぜなら、謙信は馬の上から三太刀、あるいは七太刀浴びせたと言われていますが、決して馬から降りてはいないからです。

これはとても冷静な判断です。もし馬を降りていたら、信玄を討ち取れたかも知れませんが、馬を失うことになるので彼自身、生きて帰れなくなるからです。

だから、あれはぎりぎりのラインではあるけれど、「成算あり」と判断したからこそ決行したのではないかと思うのです。

でも結果は、信玄を討ち取れずに終わります。先に挙げた頼山陽の言葉を借りるなら、謙信は惜しくも「長蛇」を逃してしまうのです。

上杉軍の勝機は、この四時間しかありませんでした。そのことがわかっていた謙信は、自軍に戻ってきた段階で、総退却を命じています。

妻女山に行っていた武田軍が戻ってきたら持ちこたえられないとわかっていたからです。

このように見ていくと、一見無謀なようですが、謙信は常に冷静に的確な判断を下していることがわかります。だからこそ、歴史学者の先生方は否定しますが、私は謙信の単騎

Point

敵と味方の区別もつかないような激戦、謙信の「単騎乗り込み」は可能だった！

乗り込みは事実だった可能性が高いと思っているのです。

もう充分と思われるかも知れませんが、もう一つ、だめ押しで私が単騎乗り込みを信じる理由をご紹介します。

それは、この川中島一騎打ちのエピソードを伝えているのが、『甲陽軍鑑《こうようぐんかん》』という本だということです。

『甲陽軍鑑』というのは、武田家遺臣の小幡景憲《おばたかげのり》という人物が編纂した武田側の書物なのです。ということは、その内容は武田贔屓《びいき》で書かれている、ということです。

そこに軍師・山本勘助の作戦が見破られ、味方が窮地に陥っているとき、敵将・上杉謙信が単身突っ込んできて、大将が傷を負ったと書いてあるのです。

よく考えると、これは武田側から見たら「恥ずかしい」ものです。

絶対に守らなければならない大将をお守りすることができず、傷を負わせてしまった。

そんな恥が、武田側の書物に書いてあるということは、それが事実だったからだとしか考えられません。

確かに、これは自軍の恥ではあるが、敵ながらあまりにもあっぱれなことなので書いた、と考えれば、筋が通ります。

ですから、証拠があるわけではないので、一〇〇%の断言はできませんが、否定できない理由が数多くあることは、ご理解いただきたいと思います。

◇唯一愛した酒に命を奪われる

絶対に決着をつけるつもりで挑んだ第四回川中島の戦いでも、決着はつきませんでした。

その三年後の永禄七年（一五六四）、第五回川中島の戦いが行われていますが、このときは武田軍が決戦を避けたため、にらみ合いだけで終わっています。

武田信玄はその九年後、天下を目指したものの織田信長と戦うことなくこの世を去っていますが、上杉謙信はその最晩年に、正確に言うと信長自身ではありませんが、信長の軍の中でも特に強かった柴田勝家《しばたかついえ》の軍と手取川《てどりがわ》で戦って破っています。

ですから軍団の強さということを考えると、信長軍は、上杉軍にはもちろん、それと互角の戦いを繰り広げた武田軍よりもはるかに弱かったと言えます。

室町幕府のもと秩序の回復を目指していた謙信は、幕府をないがしろにし、自ら天下人になろうとする信長を討つ決心を固めます。

このことは、謙信が陣触れを出していることからも明らかです。

「陣触れ」というのは、何月何日に出撃するから各員武装し、兵糧を持って、集まるようにという事前連絡のことです。この陣触れを謙信は、天正《てんしょう》五年（一五七七）の十二月二十三日に出しています。予定では翌天正六年の春に出陣する予定だったと言われています。

しかし、出陣を六日後に控えた三月九日未明、謙信は春日山城の厠《かわや》で突然倒れてしまいます。記録を見ると、大いびきをかいて昏睡状態に陥っているので、脳溢血《のういっけつ》だったと思われます。

謙信という人は大酒飲みだったことが知られています。彼が使ったという杯も残っていますが、それは評判に違《たが》わぬ大きな杯です。

その杯でお酒を飲んでいたのが響いたのでしょう。もちろん、連戦の疲労があったことも病気を悪化させた原因の一つになったであろうことは否《いな》めません。

倒れてから四日間、一度も意識が戻ることなく謙信は亡くなります。

享年四十九。

彼が信じたとおり、敵に命を奪われることはありませんでしたが、この世のあらゆるものに欲を持たなかった謙信が、唯一愛した「酒」にその命を奪われることになったのは、何とも皮肉です。

謙信の死後、越後国は、養子の景勝《かげかつ》と景虎《かげとら》の間に相続争いが起きます。「御館の乱」です。

この「御館」というのは、謙信に関東管領を譲った上杉憲政が越後に落ち延びてきたとき、謙信が憲政のために建ててあげた館です。なぜこの名がついているのかというと、春日山城を景勝に奪われた景虎が御館にたて籠もったからです。結局この争いは、景勝による降伏勧告に最後まであらがった景虎が自害することで幕を下ろします。

謙信の義の戦いを見てきた二人の養子でさえ、激しい相続争いを行っているのです。生涯私闘を行わなかった謙信が、いかに珍しい戦国武将か、この一件からもおわかりいただけるのではないでしょうか。

第四章のまとめ

- すべての大名が領土欲むき出しでしのぎを削っていた中で、謙信ただ一人が、常に「義」のためだけに戦っていたのです。他に類を見ない、実に個性的な戦国大名でした。
- 謙信は関東管領になったが故に戦わなければいけなくなった相手は関東の北条氏康だけではありませんでした。強敵・武田信玄とも戦わなければいけなくなったのです。
- 戦国大名に神仏を篤く信仰する人は珍しくありませんが、謙信は群を抜いています。「幼くして寺に入った」ことは、謙信の人格形成に大きな影響を与えたことは間違いないと思います。
- 川中島の戦いの決着がつかなかった理由、それは両軍とも兵農一致だったからです。戦えるのは、ほんの僅かな期間に限られていた、ということです。だから勝負がつかなかったのです。
- 謙信の「単騎乗り込み」は、謙信の人柄や信仰、謙信の冷静な状況判断から私は事実だった可能性が高いと思っています。

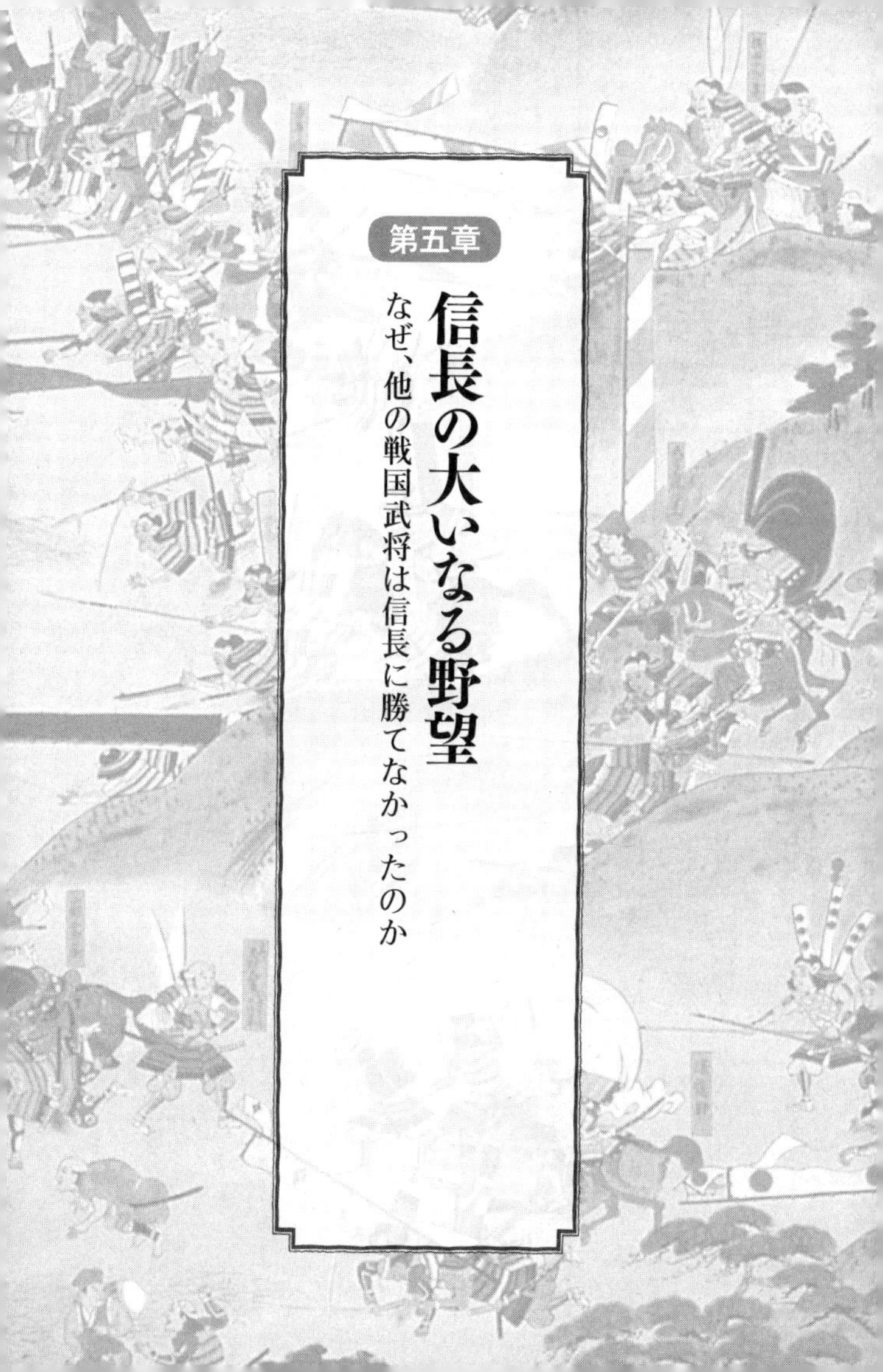

第五章

信長の大いなる野望

なぜ、他の戦国武将は信長に勝てなかったのか

◇信長以前、誰ひとりとしてやらなかったこと

信長の生涯は、尾張《おわり》から始まります。信長は天文《てんぶん》三年（一五三四）、那古野《なごや》城という小さな城で生まれます。これは音は同じですが、名古屋城とは違う郊外の城です。信長は、僅《わず》か二歳にしてこの那古野城の城主になったと伝えられています。

しかし、これは小さな城で、守護代・織田家の本拠は清洲《きよす》城でした。

その後、信長は清洲城に本拠を移しますが、清洲城では天下を取るには飽き足らないということで、信長は北を目指します。

永禄《えいろく》三年（一五六〇）今川義元《よしもと》を桶狭間《おけはざま》の戦いで破った信長は、その僅か三カ月後には美濃《みの》に侵攻、斎藤義龍《よしたつ》・龍興《たつおき》親子と戦う中、濃尾《のうび》平野の中の孤峰、小牧山《こまきやま》に城を建て、居城を移します。小牧山城です。

侵攻すること丸七年、ついに美濃を手に入れた信長は、美濃の稲葉山《いなばやま》城に居を移し、地名を「岐阜《ぎふ》」と改めます。

この場所のもともとの町の名前は「井《い》ノ口《くち》」、城の名前は「稲葉山城」と言いました。それを「岐阜」と「岐阜城」に改名したのです。

織田信長（長興寺蔵／写真協力：豊田市郷土資料館）

岐阜の「阜」は、岡、あるいは山を意味します。

古代中国に「周《しゅう》」という王朝がありました。これは、かの孔子も理想の王朝とし、周に戻れということをしきりに言っていた王朝です。周は小さい部族から起こり、やがて殷《いん》の紂《ちゅう》王という残虐な暴君を倒し、王朝を建てます。その周の発祥の地が「岐山《ぎざん》」というところでした。

おそらく信長はこの故事に倣《なら》い、天下を狙《ねら》う自らの発祥の地という意味で、「岐阜」と名付けたのでしょう。

でも、**ここで最も注目すべきは「岐阜」の由来ではありません。地名を変えたということが実は最も凄いこと**なのです。

なぜなら、地名を変えるということは、信長以前の権力者は誰ひとりとしてやっていないからです。海外ではアレクサンドロス大王が征服した都市に次々と「アレキサンドリア」という名前をつけていくなど、いくつも例があるのですが、日本では信長が最初です。

その後、信長配下の部将を中心に、多くの者がこれに倣いました。

たとえば、信長の一の子分であった豊臣秀吉は、初めて城主になった土地の名を、信長にちなんで、「今浜《いまはま》」から「長浜《ながはま》」に改めています。

家康も、実は同じことをやっています。今川家が滅び、家康が遠江国《とおとうみのくに》を手に入れたときのことです。浜名湖のほとりに「曳馬」という名の町があったのですが、これを「浜松」と改めています。

信長以降は、こうした例はいくらでもあります。山内一豊《やまうちかずとよ》が関ヶ原の功により土佐国《とさ》を賜《たまわ》ったときも、新しく城を建て、その場所を、「河中」（こうち）と名付けています。ちなみに、その後この河中は、二代藩主・忠義《ただよし》のとき、川が氾濫して城が水の中に浸《つ》かるという事件があったため縁起が悪いということで、読みの同じ「高知」に改められました。

権力者が変わったとき、「これで時代が変わったんだぞ」ということをその土地の人々に示す一番いい方法は、その土地の名前を変えるということです。明治維新で新政府ができたときも、江戸は東京と名前を変えています。

信長以降、こうしたことが各地で広く行われたため、私たちはそれを当たり前のことのように感じていますが、このことに最初に気がつき、実行したのは、日本においては織田信長なのです。

◇「天下布武」の何がそんなに凄いのか

尾張と美濃の二国を領有した時点で、信長は早くも「天下人となる」と公言します。それが「天下布武」という、判子《はんこ》の使用です。

天下布武とは、天下に武を布《し》くことによって戦国時代を終わらせる、ということです。今もそうですが、当時も正式な文書には、サインとともに印が押されました。サインは「花押《かおう》」と言います。昔は日本にもサインの習慣がありました。これは名前を書くのですが、崩し字で書くのでその人特有の癖があり、個人の識別ができます。

一方、判子は、名前の文字を使う人は少なく、たとえば上杉謙信なら「地帝妙」というように、自分の信仰する教えの言葉や、縁起のいい言葉などが用いられました。いろいろな言葉が印に用いられましたが、信長のように自らの目標というか、宣言に印を用いた例はありません。

この時代、信長の領地は尾張と美濃の二国だけです。今で言えば、愛知県の西半分と岐阜県の中央部を取っただけです。当時の「国」は今の県よりも小さく、天下は六十六カ国を数えました。

PHP文庫
http://www.php.co.jp/

時を待つ心

悪い時がすぎれば、
よい時は必ず来る。おしなべて、
事を成す人は、必ず時の来るを待つ。
あせらずあわてず、静かに
時の来るを待つ。

——松下幸之助『大切なこと』ＰＨＰ研究所より

●尾張周辺図

稲葉山城
斎藤道三
美濃
長良川
木曽川
犬山城
織田信清
葉栗郡
丹羽郡
小牧山城
織田信安
岩倉城
中島郡
春日井郡
尾張
織田達勝
清洲城
守山城
勝幡城
織田信長
海西郡
那古野城
末森城
海東郡
古渡城
荒子城
織田信秀
愛智郡
蟹浦城
伊勢
鳴海城
沓掛城
大高城
境川
伊勢湾
村木城
智多郡
三河
重原城
寺本城
緒川城

そのうちのたった二カ国しか取っていない、しかも身分の低い成り上がりの戦国大名が、「俺が天下を取る」と言い出したのです。

私たちは歴史の結末を知っていますから、さすが信長だ、と思いますが、当時の人々の誰が本気にしたでしょう。おそらく「何をバカなことを」と笑った人の方が多かったと思います。

それでも信長は、この頃から「天下を取る」という明確なビジョンを持って、行動していたのです。

この頃、「天下」などということを言った大名は信長だけです。第二章で述べたように、他の大名は、自分の領土を広げることしか考えていません。ですから、彼らがやっているのは、すべて自分の領土を広げるための戦い、つまり「私戦」です。

大名同士が勝手に私戦を行い、幕府はそれを押さえる力もなく、将軍はいるけど領地すら持たない。幕府と言ってもそれはもう有名無実の状態でした。

それに対して信長は、たった二カ国の大名に過ぎない頃から、「俺が武力で天下を統一してやる」と言っていたのです。

◇なぜ信長は足利義昭《あしかがよしあき》を利用したのか

しかし、かけ声だけでは天下は取れません。

天下を取るためには何が必要かというと、戦国時代ですからまずは兵力が必要です。次に、それをささえる経済力が必要です。

今はお金と力があれば何とかなるかも知れませんが、当時はそれだけではダメでした。「あの人ならば、私は頭を下げる」という権威がないと、人は従わないからです。人が従わなければ、権力は成立しません。

天下を取るということは、日本の国を一つにまとめるということですから、「兵力・お金・権威」、この三つが揃《そろ》わないとダメなのです。

信長は、兵力は持っている。経済力も持っている。しかし、権威がない。

信長の家は身分の低い成り上がり者です。守護代の家ですらない。守護代の家老の家の息子が、頑張って尾張と美濃、愛知県・岐阜県の領国を乗っ取ったという状態です。

このままではいくら武に秀《ひい》でても、天下を取ることはできません。そこで信長は、「身分の壁」を乗り越える方法を考えます。

そうして考えついたのが、足利義昭《あしかがよしあき》の利用でした。

永禄十一年（一五六八）信長は、流浪していた将軍家の一族である足利義昭を手もとに保護し、彼を将軍にさせるという名目で京に入ります。そして、実際に足利義昭を十五代将軍の地位に就《つ》かせ、自分はその黒幕として振る舞ったのです。

今の人は、なぜそんな回りくどいことをするかと思うかも知れませんが、**当時は「身分の壁」が立ちはだかっていたので、その壁を乗り越えるためには、面倒でもステップを踏むことが必要だった**のです。

信長は兵力と経済力はあるけれど、身分が低く権威がない。

それに対して、足利義昭は、兵力はないし経済力もない、でも、足利将軍家の血を受け継《つ》ぐという身分がありました。

そこで、この身分を持った義昭を将軍にすることで権威を持たせ、その権威を金も力もある信長が利用しようと考えたのです。

これには足利義昭にもメリットがありました。何しろ金も力もない流浪の身の自分が、将軍になれるのです。

ですから、最初二人は相互に利用し合う関係だったのです。

信長に出会う前、足利義昭は各地を放浪していました。そのときの腹心が明智光秀《あけちみつひで》です。義昭は身分は高いので、どこへ行っても一応歓待はしてもらえました。越前《えちぜん》の朝倉義景《あさくらよしかげ》のところにいたときなど、御殿をつくってもらったり、女をあてがってもらったり、朝夕、酒を飲ましてもらったりと大変な歓待を受けています。

しかし、歓待はしてもらえるのですが、いざ兵を出して京で将軍家を再興してくれと言うと、してくれない。そんな状態に義昭は不満を持っていました。

今までの小説でもドラマでも、朝倉義景が動かなかったのは彼が愚かだったからだ、という解釈をしていますが、朝倉義景にしても上杉謙信にしても、愚かだったというわけではないと思います。彼らは、たとえしたいと思ったとしてもできない事情を抱えていたのです。

その理由は、本書をここまで読んでこられた方にはもうおわかりだと思います。

そうです、彼らは兵農一致だったからです。兵農一致だと、京に行けたとしても常駐することはできません。だからしたくてもできなかったのです。

Point

信長にもっとも欠けていたのは「権威」。天下取りにこれは必要不可欠だった！

上杉謙信などは将軍に対して、他の大名とは比べものにならないほど強い忠誠心を持っていました。実際、将軍に頼まれて、何もかも犠牲にして駆けつけるということを何回もしています。

その上杉謙信であっても、常駐はできません。農業ができなくなることはもちろん、大軍を京都に置いてしまったら、本国が侵攻されてしまう危険もありました。

その点信長は、兵農分離しているので常駐が可能です。

それだけではありません。当時の信長は、家康が遠江を得たことで、武田信玄の侵略を直接受ける心配がなくなっていました。おかげで、尾張の守りをあまり心配しなくて良くなっていたのです。尾張は東の守りさえできれば、南は海だし、北の美濃はもう自分の国なので安泰なのです。

では、西側の伊勢《いせ》はどうかと言うと、滝川一益《たきがわかずます》という、一時は豊臣秀吉と並び称された部将が攻略を進めていました。つまり、本国の尾張にほとんど守りの兵を置く必要がなかったのです。

唯一問題だったのは、上洛《じょうらく》する際にどうしても通らなければならない近江《おうみ》でした。

近江は北近江と南近江からなり、北近江は浅井《あさい》氏が、南近江は六角《ろっかく》氏が領有していました。この時点の信長の力では、この二氏を同時に叩き潰《つぶ》すことはできません。

●織田信長のライバルたち

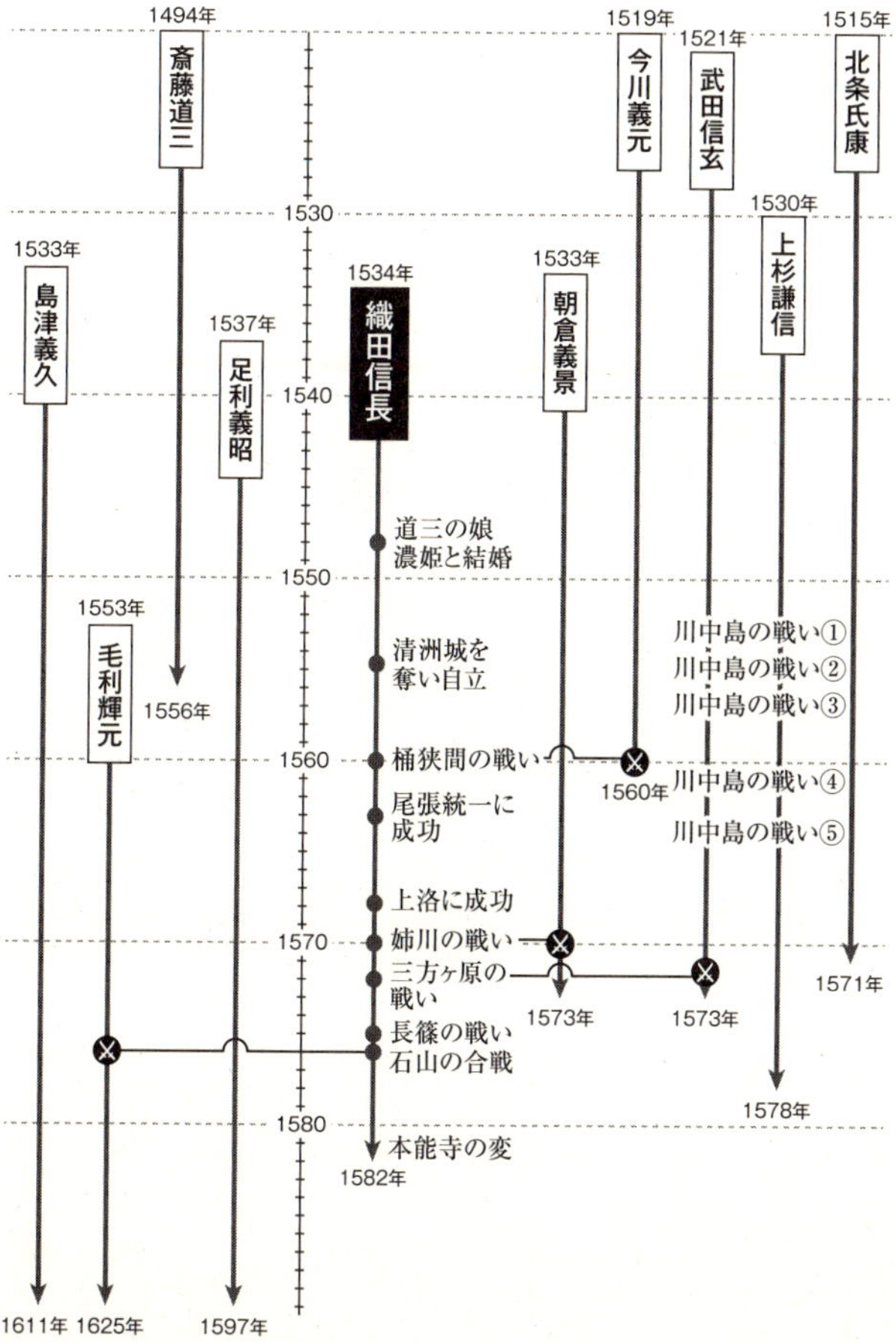

そこで、信長は自分の妹・お市を浅井に嫁に出すことで同盟を結び、六角氏を攻めました。

六角氏の本姓は佐々木と言いますが、これはもともと守護大名なので名門です。信長は浅井と同盟を結ぶことで、名門・六角氏を観音寺城《かんのんじ》の戦いで破り、何とか上洛ルートを確保したのです。

◇義昭をダミーとした信長の目論見《もくろみ》

最初に信長と足利義昭の間を取り持ったのは、明智光秀でした。

義昭は、どうせ今度も今までと同じだろうと思っていました。だから、岐阜城で信長に会ったとき、次のように聞きました。

「お前は俺のために何をしてくれるんだ。御殿でも建ててくれるのか。それとも、酒でも飲ましてくれるのか」

信長は答えます。

「御殿など建てません」

義昭が驚いて「なに?」と言うと、

「美濃で御殿を建てても仕方ないでしょう。御殿がお望みなら、私が京に将軍御所《ごしょ》を建てて差し上げますよ」

とでも信長は答えたと思います。

義昭は半信半疑でしたが、信長は出会ったその年のうちに言葉通り上洛を果たし、義昭を将軍に据《す》え、翌年には義昭の住まいとして二条城を建てたのです。

義昭は大喜びしましたが、信長は二手も三手も先を考えていました。

最初のうちは誰も俺に従おうとはしないだろう。だが、こうして将軍様を仕立て、その権威を利用して力をつけていけば、やがてみんなが俺のことを認め、従うようになるだろう。そうなったらもう将軍は要《い》らない。義昭など切り捨てて、自分が天下の主《あるじ》になればいい。

実際、信長は「第十五代室町《むろまち》将軍・足利義昭」という看板を利用して、この後、どんどんのし上がっていきます。

しかし、足利義昭という人もバカではありません。

最初のうちこそ三歳ぐらいしか違わないのに、信長のことを「父上」と呼んだりして非常に感謝していましたが、そのうちに気がつきます。「こいつは俺を利用した挙げ句に捨てるつもりだな」ということに。

きっかけは、義昭が与えようとする官職を信長がことごとく拒絶したことでした。将軍になったとき、義昭は信長にとても感謝し、「おまえを副将軍にしてやろう」と言います。

と言っても、室町幕府に「副将軍」という職はありません。将軍の補佐をする役職は「管領《かんれい》」なのですが、管領だと三人いるので、おそらく、管領の上に信長のために一つしかない特別なポストを作って、それにしてやろうと言ったのだと思われます。

まあ義昭は、将軍になったと言っても、領地も宝物も何も持っていません。御殿も信長が建ててくれたものです。要は褒美として与えるものが何もなかったのです。だから、唯一自分が与えられるものということで、特別な官職を与えようとしたのだと思います。

ところが、第二章で述べたように、信長はこれを断ります。

このときはまだ義昭は信長を信じていたので、この辞退を「なんと謙虚な男だろう」と受け取ります。

でも、本当はそうではありませんでした。

会社にたとえるとわかりやすいのですが、信長は今の義昭社長の会社をダミーとして使い、自分に力がついたら、新しい会社をつくって義昭社長の会社は潰してしまうつもりだったのです。だから、下手に義昭社長の会社の副社長になるわけにはいかなかったので

足利義昭（東京大学史料編纂所所蔵模写）

す。そんなことをしたら、自分を「義昭社長の下」に位置づけることになってしまうからです。

信長は絶対に義昭の下には位置づけられたくないので、その後も義昭が提案する官職をすべて辞退します。

そんなことが度重《たびかさ》なれば、義昭も信長の本心に気づきます。こうして最初は互いに利用し合っていた二人の間に溝ができ、だんだんそれが深まっていったのです。

◇信長が義昭を見捨てられなかった理由とは？

義昭を将軍に祭り上げた信長は、義昭の権威を利用していろいろな大名を挑発していきます。

たとえば、朝倉義景に将軍の名前で呼び出し命令をかけます。

しかし朝倉義景は用心して呼び出しに応じません。うっかり行ったら殺されるかも知れないからです。

でも、それも信長にとっては想定内です。呼び出しに応じなければ「朝倉義景は、将軍様のご命令に逆らったとんでもない悪大名であるから討つ」と、攻撃する大義名分を得ることができるからです。そういうやり方で、信長は次々と権力を伸ばしていきました。

そうしているうちに、京の人たちも、将軍様ではなく、本当は信長が世の中を動かしていることを認識するようになります。

民衆が特にそのことを認識したのは、「撰銭令《えりぜに》」の発布でした。

撰銭令というのは、お金を選《え》り好みして、受け取りを拒否することを禁じるものです。

なぜそんな命令が必要だったのかというと、当時は輸入した中国のお金や、日本で鋳造されたお金、あるいは私的に鋳造された粗悪なお金など、様々な良銭・悪銭が市場に入り乱れていたからです。人々は悪銭や、流通実績のない、つまり信用のないお金を嫌い、受け取りを拒否することが頻発していました。そしてそのことが貨幣経済の足を引っ張っていたのです。

信長は、撰銭令を出し、撰銭をした者に刑罰を科すとともに、悪銭と良銭の交換レートを決めるなどして、貨幣の信用を高め、貨幣経済の安定を図りました。

ここで重要なのは、この「撰銭令」は信長の名前で出されたということです。

信長は自分の名前で命令を出すことで、人々に「信長って偉いんだな」と気づかせたのです。もちろん、そろそろ自分の名前で出しても大丈夫だろうと計算した上でのことです。

信長は常に状況を見計らって、義昭の名を使ったり、自分の名前を使ったりすることで自分の権威を徐々に高め、自分の権威が高まるにつれ、義昭との距離を少しずつ広げていきました。この辺の見極めが信長の上手《うま》いところです。

一方、義昭もバカではありません。このままでは自分は捨てられる。そんな危機感を覚えた義昭は、自分の権威を利用して信長排斥を画策します。

具体的に何をしたかというと、武田信玄など地方の有力大名に「わしは今信長というやつに抑えられているが、本当はおまえを頼りにしている。力を蓄《たくわ》えて都に攻め上ってきてくれないか」といった内容の手紙を出しまくったのです。

そのことに気づいた信長は、永禄十二年（一五六九）には「殿中御掟」、そして翌年には、義昭に「事書《ことがき》」を叩きつけます。

事書というのは、一種の命令書です。

本来は、信長は将軍に命令できる身分ではありませんが、権威はともかく、権力は信長が握っていたので、義昭としては拒否できません。

殿中御掟や事書には、次のようなことが書かれていました。

一つは「勝手に文通するな」ということ。つまり、他の大名たちに勝手に手紙を出すな、ということです。

もう一つは、「勝手に法師《ほうし》とか俳諧師《はいかいし》を呼ぶな」ということでした。

これはどういうことかというと、当時は「身分の壁」があるので、身分の違う者同士は基本的に会ったり話をすることができませんでした。ところが、身分に関係なく、つまり天皇でも将軍でも、誰にでも伺候《しこう》できる種類の人というのが少数ですがいたのです。それはどういう人かというと、この世の身分に囚われない人たちです。具体的に言うと、僧侶や俳諧師、医者もそうでした。

では、そういう人たちになぜ会ってはいけないのかというと、**どんな人にも会えるが故《ゆえ》に、そういう人たちが秘密のメッセンジャーになり得るから**なのです。

こうして信長は、いろいろな方法で義昭を檻《おり》に閉じ込めようとします。しかし、義昭も黙ってそれに従っていたわけではありません。あの手この手と策を講じ、信長を討つよう画策を行います。

このキツネとタヌキの化《ば》かし合いのようなことは、しばらく続きます。

それは、権力は付いてきたが、信長はまだ将軍を捨てられるほどの権威は得られていなかったということでもあります。

まだ「織田信長は偉い」という認識は世の中に浸透していない。ここでうっかり将軍を追放したりすると、「あいつは悪いやつだ。将軍に対する反逆者だ」ということになりかねません。だから、義昭を手放すことはまだできなかったのです。かといって、放っておくこともできないので、一応釘を刺して行動を制限させた、ということなのです。

◇信長包囲網の黒幕とは誰か

信長が義昭の行動を縛り始めた頃、それまで忠実だった浅井長政《ながまさ》が突如、信長に反旗を翻《ひるがえ》します。浅井長政は、信長の妹・お市の夫なので、信長とは義理の兄弟という関係です。

浅井長政はなぜ義理の兄を裏切ったのでしょう。

通説では、その理由を次のように説明します。

「浅井家は代々朝倉家に世話になっていた。だから信長と同盟を結ぶときも、朝倉を勝手に攻めるようなことは絶対にしないという約束をしたのに、信長は、朝倉義景が将軍の命令に背《そむ》いたから討つと言って軍を動かした。しかも、そのとき浅井の領内を通って行った。

だから浅井は、そんな信長をもう信用することはできないと、朝倉に味方したのだ」

確かに朝倉との関係は影響していると思います。でも、私は、それだけではないと思っ

朝倉義景（心月寺蔵／福井市立郷土歴史博物館保管）

浅井長政（長浜城歴史博物館蔵）

ています。

　では、他に何があるのかというと、やはり、義昭が動いていたのだと思うのです。

　ただ、残念なことに証拠はありません。というのも、浅井の居城である小谷《おだに》城は、信長軍に滅ぼされ焼けてしまっているからです。そのため、浅井関係の文書というのは、ほとんど残っていないのです。

　でも、義昭はこの少し前にたくさんの手紙を方々に出しているので、可能性は充分あると思います。義昭はあくまで将軍ですから、将軍様のご命令だということになると浅井としては無視できない、という可能性は充分あるのです。

　この浅井の裏切りは、信長にとってかなりの危機をもたらしました。

なぜなら、朝倉を攻めたとき浅井に背後を突かれてしまったからです。浅井の加勢によって、信長は金ヶ崎《かねがさき》の戦いで撤退を余儀なくされています。

さらに、浅井が敵になるということは、本国（美濃・尾張）と京が分断されて、双方孤立してしまうことを意味します。

でも、浅井が裏切った元亀《げんき》元年（一五七〇／四月改元）に、信長を苦しめたのは浅井だけではありませんでした。この年は、信長にとってまさに最悪の年となります。

金ヶ崎の戦いで九死に一生を得た後、六月の姉川《あねがわ》の戦い（対浅井・朝倉連合軍）には勝利するものの、八月には摂津《せっつ》で三好《みよし》三人衆が挙兵。三好討伐に信長が出陣した隙を突くようにして今度は石山本願寺が挙兵しました。

これに対応すべく信長が摂津に行っている間に、浅井・朝倉は比叡山と結んで息を吹き返し、さらに、本願寺の檄《げき》を受けて伊勢の門徒衆《もんとしゅう》までもが一揆《いっき》をおこしたのです。

この長島《ながしま》の一向《いっこう》一揆で、信長は最愛の弟・信興《のぶおき》を失うという悲劇にも見舞われます。

信長は、この信興という弟をとてもかわいがっており、伊勢に近い「小木江城」に入れたのも、もとはと言えば信長軍の城の中では、小木江城が最も安全だと思われていたからでした。それが、思わぬ一向一揆によって、本国と分断され、最前線で孤立することになってしまったのです。

●元亀年間の信長年表

1570年（永禄13／元亀元）	1月	将軍・義昭に事書を承認させる
	3月	近江常楽寺で相撲を興行する
	4月	義昭の新邸が完成する。越前の朝倉氏を攻める。浅井長政が離反し、朽木谷を通って、京に戻る（金ヶ崎の撤退）
	5月	千種越えで岐阜に帰る
	6月	小谷城を攻める。姉川の戦い
	8月	岐阜を出陣、三好三人衆の野田・福島城を攻める
	9月	石山本願寺が挙兵する。浅井・朝倉氏の挙兵を聞き、近江坂本へ下向する
	11月	伊勢長島の一向一揆、織田信興の尾張小木江城を攻略する
	12月	将軍・義昭の仲介で勅命により浅井・朝倉氏と講和する。岐阜に戻る
1571年（元亀2）	5月	伊勢長島の一向一揆討伐のため出陣する
	6月	毛利元就、死去
	8月	小谷城に浅井氏を攻める
	9月	比叡山延暦寺を焼き討ちする
1572年（元亀3）	1月	南近江の村から起請文を提出させる
	9月	義昭に17カ条の意見書を提出する
	12月	三方ヶ原の戦い。徳川・織田連合軍、武田軍に敗れる
1573年（元亀4／天正元）	4月	武田信玄、死去
	7月	義昭、槇島城に挙兵する。信長、義昭を下し、追放する（事実上の室町幕府滅亡）
	8月	越前の朝倉氏を攻め、滅ぼす　小谷城を攻め、浅井氏を滅ぼす

信興の窮状を知ったとき、信長は近江で浅井・朝倉連合軍と対峙していたため、身動きが取れませんでした。何とかして信興を救いたいと思いますが、今動いたら、近江を完全に失い、京と本国が分断されてしまいます。

結局、助けることができないまま、信興は自害してしまいます。

このときの信長は、まさに四面楚歌でした。

この窮状を信長は「外交」で切り抜けます。

具体的に言うと、義昭を使って朝廷に働きかけ、最終的には同年十二月、天皇の勅命《ちょくめい》を以《もっ》て浅井・朝倉と講和に持ち込むことに成功したのです。

でも、ここで信長が講和に持ち込めたのは、実は信長が兵農分離の軍を持っていたからだったのです。

考えてみてください。おかしくないですか？　この戦いを焚きつけたのは義昭です。ならば、なぜ義昭が信長のために講和に尽力したのでしょう。

本音を言えば、義昭はこの機に信長を潰してしまいたかったはずです。

でもそれができなかった理由が、信長が兵農分離の軍を持っていたということなのです。

繰り返しになりますが、兵農が分離しているということは、一年中戦おうと思えば戦えるということです。でも、浅井も朝倉も、三好衆も、冬にならないうちに兵を本国に戻さなければなりません。そうしないと、翌年の収穫が激減してしまいます。

つまり、敵は敵で、戦いを早く終結させなければ、自分たちの首を絞める危険があったのです。

そうした事情をわかった上で、信長は義昭に次のような言葉で講和のために動くよう持ちかけたのだと思います。

「私はその気になればいつまでだって戦えるんですよ。でも、浅井・朝倉はそうじゃない。このまま戦いを長引かせて、浅井・朝倉を潰してもいいんですか？　今あなたが間に入ってくれれば、手を引いてもいいんですよ」と。

義昭だって信長を潰したかったはずですが、それ以上に今、浅井・朝倉が潰れるのは困る、ということで、義昭は講和に協力したのです。

◇難攻不落の巨大城郭「本願寺城」の謎

信長を苦しめた「本願寺」は、親鸞聖人《しんらんしょうにん》の開いた浄土真宗《じょうどしんしゅう》の本山《ほんざん》です。

浄土真宗は、法然上人《ほうねんしょうにん》が開いた浄土宗の教えを受けついでいるので、浄土宗と同じく阿弥陀如来《あみだにょらい》を信仰する仏教です。

阿弥陀如来のいちばん大切な教えは何かというと、「本願《ほんがん》」、つまり「念仏《ねんぶつ》する者を阿弥陀様の世界である極楽浄土に生まれ変わらせる」という阿弥陀様の約束を信じて念仏する、ということです。そして、そう信じる人々のために作られたお寺が「本願寺」なのです。

同じように「念仏」を説く浄土宗と浄土真宗ですが、浄土真宗の教義は浄土宗よりもさらに簡単です。

最大の特徴は、念仏を唱えることは必要ですが、何回も唱える必要はないということです。念仏を唱えないと阿弥陀様に気持ちが伝わらないのでまずいのですが、阿弥陀様は万能の神様みたいなものなので、とにかく一回でも唱えさえすればいい、というのです。

教えが簡単な浄土真宗は、多くの信者を集めました。

それゆえ特に加賀《かが》国では、信徒が守護大名を追っ払い、本願寺王国になってしまったほどその力は強大だったのです。

現在の本願寺は京都にありますが、この時代の本願寺は「石山《いしやま》」にありました。石山というのは今の大阪市、ちょうど大阪城のあるところです。

驚かれる方もいるかも知れませんが、大阪城は、かつての石山本願寺があった場所が要害の地だということで、秀吉がわざわざその地を選んで城を建て、徳川政権もあの場所がいいということで、秀吉の大坂城の焼け跡に、新たな大坂城を築いているのです。

でもその本願寺も最初から石山にあったわけではありません。

もともとは京都の山科《やましな》という場所にありました。今もその場所には開祖・親鸞の墓所「本廟《ほんびょう》」があります。

では、なぜ、石山に移転したのかというと、ライバルの日蓮《にちれん》宗によって焼き討ちされ、多くの人が殺されてしまったからです。

これに懲りた本願寺は、今度はどんなやつらが来ても絶対に大丈夫な要害の地に城構えの寺院をつくろうと決意します。そうして土地を選び、つくったのが、「石山本願寺」なのです。

石山本願寺は、彼らの願い通り難攻不落の城になりました。規模もとても大きく、日本の全城郭の中で、最も大きかったのは、石山本願寺城だったのではないかと主張する人が今でもいるほどの巨大城郭でした。

本願寺も、当時の巨大寺院がみなそうであったように、武装兵力を持っていました。

自分たちが追い出した旧大名たちや、旧仏教である比叡山の僧兵《そうへい》や日蓮宗徒と戦わなければならなかったからです。

では、本願寺の兵力というのは、具体的にどのような人たちが担っていたのかというと、信者でした。

実はこれが他の軍の兵と本願寺の兵の最大の違いであるとともに、本願寺が強かった秘密でもあります。信者にはいろいろな人がいます。農民もいれば、浪人もいます。中には雑賀《さいか》鉄砲衆という鉄砲のエキスパート集団もいました。また、越前などでは、もともとその地方の豪族だった人たち（こういう人たちを「地侍《じざむらい》」と言います）や商人などもいました。本当にありとあらゆる人々がいて、彼らがみな「本願寺のためなら戦う」と命を惜しまず戦ったのです。

◇信長と本願寺・顕如《けんにょ》の戦い

当時の本願寺の法主《ほっす》は「顕如」という人でした。この顕如が信長を徹底的に敵視しました。

最初のうち本願寺は、信長軍に対して中立の立場をとっていました。

事実、永禄十一年（一五六八）に、信長が初めて足利義昭を押し立てて京都に入るとき、その費用として本願寺に「矢銭《やぜに》」（軍用金）を要求していますが、本願寺は「将軍様のためなら」と、要求に応じています。

ところが、それから二年後の元亀元年（一五七〇）、このときは先ほど述べたように信長にとっていちばん苦しかった頃ですが、顕如は突然、全国の信徒たちに「檄文《げきぶん》」を出して、信長軍と徹底抗戦せよと命じているのです。

信長上洛につき、此方迷惑せしめ候。去々年以来難題を懸け申すにつきて、随分扱いをなし、彼方に応じ候といえども、その専（詮）なく、破却すべきの由、たしかに告げ来たり候、この上は力およばず候。しからばこの時開山の一流、退転なきよう各々身命を顧みず、忠節を抽《ぬき》んづべきことありがたく候、しかしながら馳走《ちそう》頼みいり候。もし無沙汰の輩《ともがら》は、ながく門徒たるべからず候、あなかしこ、あなかしこ。

九月六日　顕如（花押影）

江州中郡門徒中へ

（『本願寺史』本願寺史料研究所　浄土真宗本願寺派発行）

これは原文は漢文です。でも漢文だと読みにくいので、書き下し文を引用しました（傍点は著者）。それでも少々わかりづらいので、現代語に訳してみましょう。

「信長が上洛して以来、私たちはとても迷惑をしています。無理難題をふっかけてきたことにも随分と応じてきたのに、その甲斐《かい》もなく、『本願寺の城構えを破却して、この地から退去せよ』という最終通告をしてきました。こうなった以上、もう戦うしかありません。みなさんも本願寺の信徒であるなら、怖《お》じ気《け》づくことなく、生命と身体を惜しまず忠誠を尽くしてくれるものとありがたく思っています。でも、もしもこれに従わない人間がいたら、その人は門徒とは言えません」

ハッキリ言って、これはもう脅迫です。何しろ「おまえら忠誠を尽くさなければ、もう信徒とは認めないぞ。だから命を惜しまず戦え」と言っているのですから。

実は、長い間この檄文の中にあるように信長が「石山本願寺を壊して出て行け」と言ったと信じられていました。つまり信長の方が、石山本願寺に対して、最終通告を突き付けたことが、信長と本願寺の十年戦争のはじまりだということが、かつての通説だったのです。

ところが、よくよく調べてみると、信長が「破却すべき」と言ってきた文書が見つからないのです。

顕如画像（石川県立歴史博物館蔵）

現在の本願寺には、『本願寺史』という、西本願寺がつくった公式の歴史書がありま す。その中にも、「どこにもその文章は確認できない」と書いてあります。ただし、これは本願寺が書いた歴史書なので、顕如様が「信長が破却すべきと言ってきた」と言っているのだから、そのこと自体は事実であろう、と言っています。

証拠はないのです。

ですから私は、（これを五百年前に言ったら殺されていますが）これは顕如の嘘だと思っています。

なぜなら、信長は、この十年戦争の決着がついたとき、本願寺の布教の自由と、この十年戦争で信長の家来が何人も本願寺の門徒に殺されているけれどその責任は一切問わない、という最終和解状を出しているからです。もし「破却すべき」ことが信長の目的ならば、本願寺が降伏した時点で破却していたはずです。でも、そういうことはやっていない。

ということは、最初から破却が目的ではなかった、ということになります。

本願寺の他にも信長は比叡山の焼き討ちをしているので、宗教を毛嫌いしていたと勘違いしている人がいるのですが、そんなことはありません。信長は比叡山に対しても、本願寺に対しても、降伏して武装解除した後は、布教の自由を認めているのです。

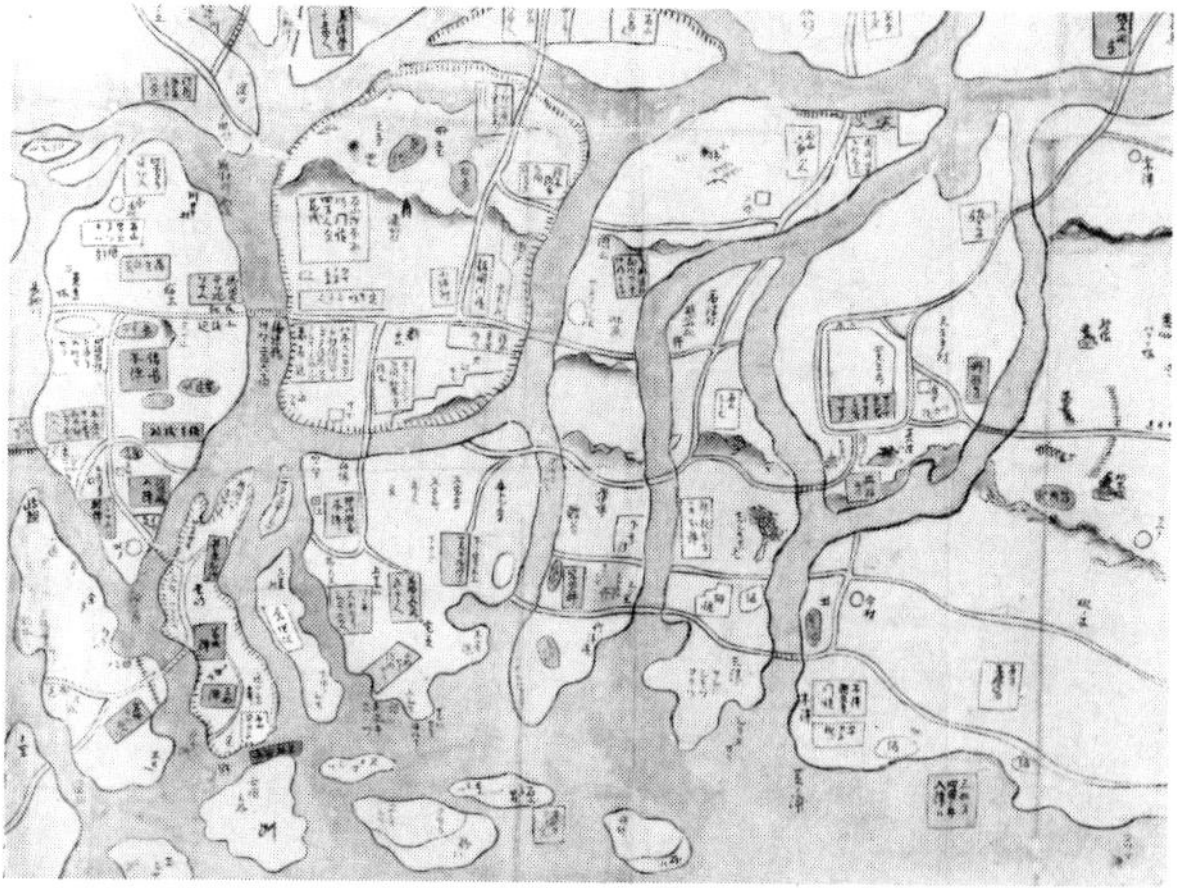

石山合戦配陣図（大阪城天守閣蔵）

●石山合戦の配置図

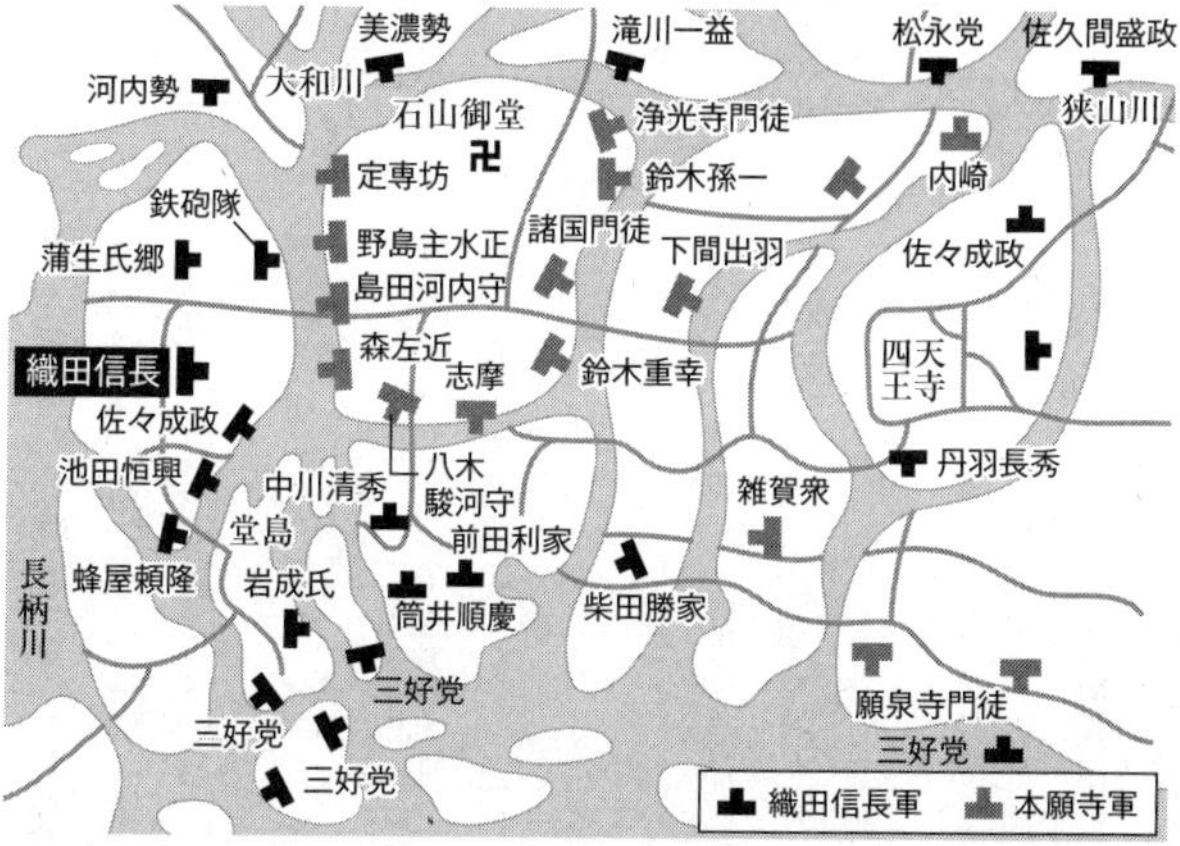

ですから信長は、自分の宗派を重要視するあまり、武器を持ってそれを強制したり、反対論を唱えるものを殺戮《さつりく》したり、お寺を焼き討ちしたりしてはいけないということと、宗教者なら宗教者らしく政治には口を出すのはやめろ、ということを一貫して言っているだけなのです。

しかも、このとき信長は、突然攻められているのです。

信長軍が摂津国で敵対していた三好勢を攻めているとき、突然、本願寺から早鐘が鳴って、扉が開いたと思うやいなや本願寺の軍勢が飛び出してきて、信長軍を横腹から不意打ちしたのです。

もしも、信長が先に最終通告を本願寺に与えていたとすると、あまりにも不用心です。本願寺が攻めてくるかも知れないということが頭に入っていれば、本願寺の門前に鉄砲隊を配置しておくなど、事前に手が打てたはずです。でも実際には、むざむざ出撃を許したばかりか、奇襲攻撃によって相当数の味方を失っているのです。これは信長がまったく本願寺の攻撃を予測していなかったということでしょう。

ということは、やはり顕如が信長を嫌っていたと見るべきでしょう。少なくとも顕如は信長が本当に本願寺を滅ぼすつもりでいると思っていたのだと思います。でも、信長は、本願寺を滅ぼすつもりはまったくなく、ただ宗教団体らしく武装解除をしてくれれば存続を認めるつもりでした。そして、おそらくこのことは顕如にもハッキリと伝えていたと思うのですが、顕如はその言葉を信じることができなかったのでしょう。

◇石山本願寺を陥落させた信長の新兵器「鉄甲船《てっこうせん》」

石山本願寺は、非常に規模の大きい城構えの寺でした。周囲には塀がめぐらされ中には籠城できるように町が作られていました。塀の中には田んぼまであったと言いますから、まさに難攻不落の名城と言っていいでしょう。

信長はその石山本願寺を攻めるに当たり、兵糧攻めを選びました。周囲をびっしり取り囲んで、石山本願寺が音《ね》を上げるのをじっと待つという作戦です。

本願寺の中にいるのは兵だけではありません。普通の戦争なら城内にいないはずの女性や子供、老人なども宗教施設であるが故にたくさんいました。兵糧攻めにすれば、そういう兵以外の人たちも日々大量の食べ物を消費していくので、飢えるのも早いだろうと信長は踏んでいたのです。

ところが石山本願寺もさるもので、毛利《もうり》と手を組み、物資の補給を依頼します。でも、敵に取り囲まれた城にどのようにして物資を運び込もうというのでしょうか。

毛利が選んだのは、海路による補給でした。幸い石山本願寺の目の前には木津川《きづがわ》という川があり、川は大坂湾とつながっています。それに、毛利の配下にはこの仕事にうってつけの「村上水軍」がいました。

村上水軍が、大量の補給物資を積んだ船で大坂湾から木津川に入る。川の河口を遡《さかのぼ》れば、すぐ石山本願寺です。

信長も、もちろん情報として毛利と本願寺が手を組んだということは知っていたので、村上水軍を迎え撃つべく、自分の配下の「九鬼《くき》水軍」を、木津川の河口に配し「敵の補給船を絶対に木津川に入れるな」と命令しました。つまり、狭い河口で待ち伏せさせたのです。

これが天正《てんしょう》四年（一五七六）七月の「第一次木津川の戦い」です。

この戦い、狭い河口を守り、敵の船の進入を防ぎさえすればいいので、織田軍の圧倒的勝利に終わるはずでした。しかし、結果は織田軍・九鬼水軍の完敗でした。

なぜ負けたのかというと、敵の村上水軍が「焙烙《ほうろく》玉」という強力な火器を使用したからでした。

焙烙玉とはどのようなものかというと、火薬を詰めた陶製の器《うつわ》に導火線のついたもので、火をつけて相手に投げるというものです。形はハンマー投げのハンマーのような球体ですが、火炎瓶のような武器だと思っていただければいいと思います。これが九鬼水軍にほとんど全滅に等しい被害を与えました。

九鬼水軍の船は和船《わせん》ですから木造で帆は布です。それが火薬の弾をぶつけられ、一度火がついたら、もう手も足も出ません。九鬼水軍がほとんどの船を焼かれて、手も足も出ない中、村上水軍は悠々と木津川を遡り、補給物資を石山本願寺内に運び込んだのです。

信長は激怒し、九鬼水軍の長・九鬼嘉隆《よしたか》に「何とかしろ！」と命じます。しかし、船の玄人《くろうと》である九鬼嘉隆も「あれについては防ぎようがありません」と答えるだけでした。

すると、信長が「これをつくってみろ」と嘉隆に授けた案が「鉄甲船《てっこうせん》」でした。

信長が考えた鉄甲船とは、木造の船の船体を薄い鉄板で覆《おお》い尽くすというものでした。鉄板で船全部を覆えば、焙烙をぶつけられても燃えるモノがないので火災にはなりません。これならいくら焙烙を使われても船は沈まない、というわけです。

今は鉄製の船など珍しくもないので、驚かないかも知れませんが、これは当時としては奇想天外、誰も思いつかない画期的なアイデアでした。

それまで誰も「鉄」を船の素材に使わなかったのには大きな理由があります。決定的に船の素材に向かない特徴が鉄にはあるからです。

まず一つは、「重い」ということです。

西洋で鉄が船に使われるようになったのは、蒸気機関という強大なエンジンができたおかげでした。幕末の日本に黒船が来たとき、人々は巨大な鉄製装甲の船に驚きましたが、あれは蒸気機関を使うことで初めて可能になったのです。

西洋でも、それまではすべて木造帆船《はんせん》でした。風力エネルギーで動かすためには、船体をできるだけ軽くつくる必要があったからです。重いだけで船は沈みやすくなるし、船体が重いと積み荷も少ししか積めなくなってしまいます。

もう一つ、鉄が船材に向かない決定的な理由がありました。それは鉄の最大の欠点、「錆《さ》びる」ということです。鉄はただでさえ水に触れると錆びやすいのですが、それが塩水（海水）ともなれば一層錆びやすくなります。

今の船が錆びないのは、一つにはさび止め効果のあるペンキを塗っているからです。もう一つは錆びない特殊な合金を使っているからです。みなさんの家でも台所のシンクなど水回りに金属が使われていると思いますが、あれは「ステンレス」という錆びない合金です。ちなみにステンレスとは、「ステイン／さび」「レス／～ない」という二つの言葉が合わさった名前です。

ですから、誰も船に鉄を使おうなどと思いつきもしなかったのです。

では、信長はこの画期的なアイデアをどのようにして思いついたのでしょう。証拠はありませんが、おそらく「何が最も大切なのか」ということを考えたのだと思います。
ここで一番重要なのは「燃えない」ことです。

村上水軍の火器「焙烙玉」から船を守ることが、当面の最優先事項です。
そう考えたとき、燃えない素材「鉄」の使用を思いついたのだと思います。
その後、鉄を使ったらどのようなデメリットがあるのか、そしてそのデメリットは、どの程度の問題なのかを考えたのでしょう。

船の役割は、敵が河口に侵入することを防げばいいだけなので、駆動性の良し悪しはそれほど問題ではありません。またこの木津川の攻防に勝てばいいだけなので、長期間その船を使用するわけではありません。ですから、最大の問題である「錆びる」ということも、それほど大きな問題ではありません。

ここまで考えて、信長の中で鉄の使用にゴーサインが出たのだと思います。
人間というものは新しいアイデアを考えようとするときに、必ず常識に縛られているのです。常識とは何か。それは「今までの人間の経験の中で、たぶんこれが一番効率的だよ」と教えられてきているものなのです。

しかし信長は、常識を無視して、「何が最も大切なのか」ということから考えたのです。その後、なぜそれは今までダメとされていたのか、それは今回の場合、どの程度の問題なのか、というふうに物事を組み立てていけば自《おの》ずと答えは出ます。

こういう柔軟な発想ができる信長は、やはり天才だったのでしょう。

鉄甲船には大砲も装備されていました。これも史上初めてのことです。

こうして臨んだ第二次木津川の戦いは見事、織田軍・九鬼水軍の大勝利で終わりました。天正六年（一五七八）の十一月、最初の敗北から二年後の勝利でした。


こうして信長はついに本願寺への補給路を完全に断つことに成功しました。しかし、本願寺はしぶとく、その後も抵抗を続け、最終的に講和が成立したのは、さらに二年後の天正八年（一五八〇）閏三月のことでした。

そのときも顕如が決して信長に屈しようとしなかったため、信長は、天皇家を動かすことによって降伏開城を本願寺に求めるということをしています。そして四月、顕如はようやく石山から退きます。その後石山本願寺は焼失。長年に及んだ本願寺との戦いがやっと終了したのでした。

◇信玄を信じた義昭の大失敗

本願寺との戦いは、約十年の長きにわたりました。その間に信長は、二つのものを滅ぼしています。

一つは室町幕府、もう一つは浅井・朝倉連合軍です。

元亀三年（一五七二）十月、刈り入れが終わった後、ついに武田信玄が動きました。甲斐《かい》国を出発した武田軍は、家康の領地である遠江に侵入し、三方ヶ原《みかたがはら》の合戦で徳川軍をコテンパンに破り、家康は慌てて浜松城に逃げ帰ります。

この知らせを聞いて「よし、信長もこれでお終いだ。そのうちに信玄が来る」と喜んだのが、足利義昭でした。

信玄が来ると信じた義昭は、元亀四年（一五七三）三月、二条城に籠《こ》もって「信長を討つ」と宣言したのでした。

ところが、信玄が来ない。来るはずがありません。このときすでに信玄は死の床に伏していたからです。

昔は電話もファックスもメールもありません。手紙はありましたが時間がかかります。もしかしたら、今の時代ならこっそり義昭の携帯に電話して、「実は信玄さんは死にそうなんでわれわれは帰ります。このことは絶対内緒にしといてくださいね」と言うことができたかも知れませんが、当時はできません。

それでどうなったのかというと、義昭は信玄が来るものと信じ、ずっと待っていたのです。そのうち、信長の方が先に「これはちょっとおかしいぞ」ということに気がつきます。

兵農分離していない武田軍は、京に来たとしても、翌年の春までには田植えのために甲斐に戻らなければなりません。であれば、三方ヶ原で徳川軍に大勝したのだから、どんどん攻め上ってくるはずだ。少なくとも浜松城を攻めて遠江国を占領していなければおかしい。

そう怪しんでいるうちに、武田軍は京に近づくどころか、だんだん引き揚げていくではありませんか。

勝っているのになぜ引き揚げるのか。

信長は薄々考えていたことに確信を持つようになります。そう、「信玄の死」に気がつくのです。

一方、義昭は焦《あせ》りを募《つの》らせていました。信玄はなぜ来てくれないのか、来てくれると信じたからこそ、信長に宣戦布告したのにと。

そして、「よし、信玄は来ない」と確信した信長は、義昭を攻撃します。その後、一度は信長の和議を受け入れた義昭でしたが、やがてその和議を棄却、あくまでも反意を見せたので、ついに信長も義昭追放を決意します。

義昭を追放した信長は、新たな将軍は立てず、朝廷に要請し元号を「天正」と改めさせます。「室町幕府の滅亡」です。

信玄の死が確定しても、信長はすぐには動きませんでした。先に片をつけなければならないことが残っていたからです。それは浅井・朝倉連合軍です。

天正になったばかりの元年（一五七三）八月、信長は浅井・朝倉攻めに出陣しています。そして僅か半月で、朝倉義景を自害に追い込むとともに浅井の居城・小谷城を落としています。

◇武田騎馬隊は存在しない——長篠《ながしの》の戦いの真実

天正三年（一五七五）三月、武田勝頼《かつより》は徳川家康の領国・三河《みかわ》に侵入し、一戦をも辞さないという構えを示します。信長は徳川軍を助けるべく出陣、こうして同年五月に行われたのが、三〇〇〇挺《ちょう》の鉄砲の「三段撃ち」で知られる長篠の戦いです。

織田と武田について語る上で欠かすことのできない「長篠の戦い」ですが、まずはいくつかの誤解を解いておきたいと思います。

襲いくる武田の無敵の騎馬隊を、織田軍が三〇〇〇挺の鉄砲を三段に構えさせ、それを次々と発砲させることで、壊滅させた、という話ですね。

ところが、最近の研究によって、あの話はすでに否定されてしまっているのです。

まず「三〇〇〇挺」という数字が嘘です。どうももともとは「千挺」と書かれていたところに、後から「三」という字を入れたらしいとされています。

おそらく「三段撃ち」という話があったので、三〇〇〇挺ということにしたということらしいのです。

では、本当に「三段撃ち」が行われたのかというと、実はこれも事実とは違うらしいのです。

昔の火縄銃《ひなわじゅう》というのは、弾を銃口から詰める先込《さきご》め式です。まず銃身を立てて、銃口から鉛の弾をぽっと一発入れて、さらに火薬をさらさらと入れて、棒で押し込む。ここまで準備して、ようやく撃てるわけです。さらに弾は一発ずつしか撃てません。一発撃ったら、また同じことをやらなければならないのです。

そこで信長は三人、撃ち手を縦に並べておいて、最初の人間が撃ったら次の人間が撃つとしておいて、撃った人は後の二人が順番に撃っている間に最後尾に回り自分の順番が来るまでに、弾を詰めて準備を整える。というやり方で、本来単発の銃を間断なく撃てるようにしたから武田騎馬隊に勝てたのだ、というのが、三段撃ちの話でした。

でも、これはどうも後世の創作らしいのです。

ただ、この話で唯一確かなのは、織田軍が大量の鉄砲を用いたということです。その数はおそらく一〇〇〇挺はあったとされています。

今私は、武田「騎馬隊」と申し上げましたが、これは正しくは、騎馬隊でもなく、騎馬軍団でもなく、「騎兵隊」と言ったほうが正しい表現なのかも知れません。

馬に乗った兵隊が「騎兵《きへい》」、それに対して、馬に乗っていない兵隊を「歩兵《ほへい》」と言います。日本史の場合、歩兵は足軽《あしがる》とも言います。

武田軍のように兵農分離していない国では、兵は基本的に農民です。度々戦争に出ているので戦争に慣れているとはいえ、彼らは本質的には農民です。兵士ということで考えると、あまり強くはありません。

ところが騎兵は本当の侍、武士です。槍の使い手でもあります。

ですから、騎兵が槍を持って突進してきたら歩兵は敵《かな》わない、というのが当時の常識でした。これは日本だけでなく世界中の常識です。たとえば遊牧騎馬民族であるモンゴルでは兵士は全員騎兵です。これはモンゴル軍の最大の特徴でもあります。ほかの国は馬が貴重品だったので、騎兵だけの軍というのは持てませんでした。騎兵というのはエリートで、その周りには必ずお供《とも》の歩兵がついています。

ところがモンゴル人はもともと騎馬民族で日常的に馬に乗っていたので、全員騎兵でした。だからモンゴル軍は一時期世界を席巻《せっけん》するほど強かったのです。

そして、モンゴルのように全員騎兵の部隊を「騎馬隊」もしくは「騎馬軍団」と言うのです。そういう意味では、**日本には騎馬隊も騎馬軍団も一つもありません。ですから武田軍のも、正しくは騎兵隊なのです。**

武田の騎兵隊は、全武田軍を一万人として、約一割程度、一〇〇〇人ぐらいのものでした。数としては決して多くはありません。しかしもの凄い強さを誇っていました。

信長は、当初、この最強と謳《うた》われた武田の騎兵隊に対抗するために、柄《え》の長い槍を導入します。槍の柄が長ければ、馬に乗っている敵兵を攻撃できると考えたのです。こうして用いられたのが、「三間槍」と呼ばれる長槍です。一間は約一・八メートルなので、三間というと本当なら五メートル以上ということになりますが、実際の三間槍の長さは約三～四メートルぐらいです。それでも普通の槍に比べたら倍近い長さがあります。

しかし、この長槍を以てしても騎兵には太刀《たち》打ちできませんでした。

そこで信長はさらに新しい方法を考えました。

長篠合戦図屏風（〈公財〉松浦史料博物館蔵）

それが「馬防柵《ばぼうさく》」と「鉄砲」という新兵器を組み合わせるという方法でした。

自軍の前に騎兵の突進を防ぐ柵を作り、その柵で騎兵が止まったところを足軽に鉄砲で狙い撃ちにさせる。このとき「三段撃ち」を用いたというのがこれまでの説でしたが、実際には三段撃ちはしていません。

なぜそう言い切れるのかというと、時間がかかりすぎるからです。私も火縄銃の実演を見たことがありますが、鉄砲を撃つには熟練した人でも準備には二分程かかります。ということは、三段撃ちには間に合いません。

では、三段撃ちはまったくのまったくのデタラメなのかというと、そうとも言えません。どういうことかというと、練習はしていたようなのです。

実は鉄砲という新兵器は、織田軍にとっては「はまりもの」だったのです。

信長の兵は金で雇った兵ですから、農民兵より弱いのです。金目当ての兵は、命を惜しむので相手が強いとなるとすぐに逃げてしまうからです。でも武田の兵のような農民兵は国元に家族が待っています。もし敵前逃亡などしたら留守家族がどんな目に遭《あ》わされるかわかりませんから、命がけで必死に戦います。だから苦戦にも強いのです。

でも、信長の兵にもメリットはあります。一つは、何度も言っていますが、一年中使えるということです。もう一つ、これこそが鉄砲が「はまった」最大の理由なのですが、専門兵士なので、鉄砲のような新兵器を練習する時間がたっぷりあるということです。農民兵は普段は農業をしなければいけないので、なかなか練習をする時間的余裕がありません。鉄砲は練習すればするほど上手くなるので、信長の兵が上手く鉄砲を使いこなしたのは、彼らが専門兵士だったということが大きく関係していたのです。

◇騎兵のウィークポイント

実際の長篠の戦いに三段撃ちはありませんでした。

信長がこの戦いで行ったのは、単に、戦場の自軍の陣地寄りのところに馬を防ぐ柵「馬防柵」を作り、それに敵の騎兵がつっかかっている間に鉄砲で狙い撃ちをするというシンプルな作戦でした。

このように言うと、多くの人は、「本当にそれだけで武田の無敵の騎馬軍団を防げたの？」と疑問を呈します。

ハッキリ言いましょう。充分勝てました。

実はこれ、私の新説なのです。最近はインターネットにも「井沢説」として載っています。

では、なぜ勝てたのか。実はみなさん、これは専門家の先生もそうなのですが、とても大切なことを見落としているのです。

それは「馬の特性」です。

それがわかれば、実は鉄砲の弾など当たらなくても勝てるということがわかります。

馬術経験のある人はわかると思いますが、乗馬を習うとき最初に受ける注意が、馬の死角から近づいてはいけない、ということと、もう一つ、音で驚かせてはいけない、ということです。暴れ馬になるのは、ほとんどの場合、大きな音に驚いたときなのです。

そうです。**ポイントは「音」なのです。**

鉄砲は、弾を撃つときにものすごい音がします。音に対してすごく敏感な馬は、一〇〇〇挺もの鉄砲が放つ大音響にパニックになったことでしょう。おそらく暴れて騎兵は振り落とされ、手が付けられない状態になったと思われます。

だから、鉄砲の弾は当たらなくても、一〇〇〇挺の鉄砲を馬の近くで発砲させれば、織田軍は武田軍に勝てたのです。

私がこのことに気づいたきっかけは、鎌倉時代にモンゴルが日本に攻めてきたとき、つまり元寇《げんこう》の時の自分の奮戦の様子を竹崎《たけざき》五郎季長《すえなが》という人が描かせた『蒙古襲来絵詞《もうこしゅうらいえことば》』という絵伝を見たことでした。

蒙古襲来絵詞（宮内庁三の丸尚蔵館所蔵）

その中に「鉄炮」という武器が出てきます。これは「銃」ではなく、大砲の弾のようなもので、火薬の周りを鉄で包んだものに導火線で火をつけた、今で言うと手投げ弾みたいなものです。

モンゴル軍は、この鉄炮を投石機で撃ってきたのです。ところが、絵伝を見ると、これが上空で爆発して直接当たっていないにもかかわらず、竹崎五郎季長の乗った馬が暴れてしまっているのです。絵伝では慌てて馬を押さえているという絵になっています。この絵は日本史の教科書にも必ず出てくる有名な絵なので、ご覧になったことがある方も多いと思います。

馬は音に弱い。なぜこんな簡単なことにこれまで誰も気づかなかったのかというと、今の私たちが知っている軍馬は、すでに音に驚かないように訓練された馬ばかりだったからです。

乗馬クラブの馬などは違いますが、軍馬や警視庁の騎馬隊が乗るような馬は、今も音に驚かないように訓練されています。今は少なくなりましたが、明治の頃は多くの軍馬が使われていましたから、馬は戦場に連れて行かれる前に、みなきちんと訓練されていたのです。

古い歴史学の先生方は、そうした訓練されていた軍馬を見ていたので、馬が本来音に非常に敏感な動物だということを忘れてしまっていたのです。そして、そのお弟子さんたちは、軍馬など知らないので、さらに気がつかない、というわけです。

武田軍も鉄砲を持ってはいましたが、その数は決して多くありませんでした。そのため馬を鉄砲にならす訓練などしていませんでした。

つまり、**長篠の決戦では、馬防柵によって一カ所に足止めされた武田の騎兵隊が、一〇〇〇挺の鉄砲の轟音《ごうおん》に驚き、パニック状態になって、自滅した、**というのが実態なのです。

長篠の戦いでは、それまで武田軍を支えてきた信玄以来の四天王と言われた古参《こさん》の部将たちがほとんど戦死しています。そのためこの戦い以降、武田軍団はがっくり戦力を落としてしまいます。

だから、これはやっぱり信長の作戦勝ちと言っていいと思います。

◇なぜ武田軍は鉄砲を使わなかったのか

武田軍が鉄砲を余り持っていなかったのには、実は理由があります。

彼らは、買おうと思えば鉄砲を買うことはできたと思いますが、信長のように戦場で大量に使用することはもちろん、普段から訓練することなどとてもできなかったと考えられるからです。

鉄砲を使う上で絶対に必要な物、それは黒色《こくしょく》火薬です。黒色火薬の主原料は、硫黄《いおう》と木炭《もくたん》と硝石《しょうせき》（硝酸《しょうさん》カリウム）です。

硫黄は、日本は火山国なのでどこでも手に入ります。木炭も簡単に手に入ります。

ところが、硝石（当時は焰硝《えんしょう》と言いました）だけは、手に入りませんでした。日本にないのです。のちに日本人は人の尿から硝酸カリウムを作り出すことに成功しますが、当時はそんなことができるとはわからなかったので、輸入に頼っていました。

この輸入に頼っていた、という点がキーなのです。

いくら鉄砲を手に入れても、硝石が手に入らなければ、ただの鉄の棒に過ぎません。だからこそ、信長は宣教師たちを厚遇し、九州の大名たちの多くが争ってキリスト教に入信したのです。

すべては鉄砲を使うために必要不可欠な硝石を手に入れるためだったと考えれば納得がいきます。

信長は、安土《あづち》に神学校の母体であるセミナリオをつくることを許可するほど、キリスト教を積極的に保護しています。でも、別にキリスト教を信じていたとか、キリスト教が好きだったというわけではなく、硝石を優先的に手に入れるための代償として、保護していたのだと思います。

ちなみに、日本で最初に大砲というものをつくり、実戦に用いたのは、織田信長ではなくて九州は豊後国《ぶんご》（現在の大分県）の大名・大友宗麟《おおともそうりん》です。彼はキリスト教の信者になっています。

硝石を手に入れられるかどうかが、鉄砲を使用する上でとても重要なことだった、ということは、海外との貿易ルートがないと、鉄砲はふんだんには使えない、ということです。

武田には、この硝石を手に入れるルートがなかったのです。

では、なぜ武田にはルートがなかったのでしょう。ここで問題になるのが、国際貿易港「堺《さかい》」の存在です。

戦国時代の堺は独自に自治を行う武装都市でした。武装しなければ、自分たちの自治は守れません。そこで堺では、街の周りに堀を巡らし、入り口には検問所を設け、その中で商売を行っていたのです。

堺の人々は商人なのでお金があります。ですから堺の軍隊は、信長の軍と同じように傭《よう》兵《へい》でした。そういう意味で言えば、僧兵を雇っている寺社と同じと言えます。

しかし自治区というのは、天下統一をしようとする信長にとっては邪魔な存在です。

そこで信長は、何とか堺の街を武装解除させ、自分の権力下に置こうと画策します。

信長は最初、「私は将軍様にいちばん信頼されている家臣である」と義昭を利用して、堺に圧力をかけました。そして、足利将軍家を再興するので、その資金の一部を出せ、と堺に要求したのです。

思い出してください。これは信長が最初に本願寺に行ったことと同じです。本願寺は素直に矢銭を献上しましたが、堺の街はこれをきっぱりと拒否します。

すると信長は、今度は軍を送って堺の街を包囲、もし言うことを聞かないなら、滅ぼすぞと脅したのです。ちなみに、こうした信長のやり方を見ていたからこそ、本願寺の顕如は最後まで信長の言葉を信じられなかったのかも知れません。

街を取り囲まれてしまっては、堺は商売ができません。このまま滅ぼされてしまってはたまらないと、堺も慌てて信長にお金を出し、恭順《きょうじゅん》を示しました。

こうして堺の街が信長の支配下に入りました。

実は当時、堺より西には国際貿易港がありました。鹿児島、平戸《ひらど》、山口もそうです。ところが、堺より東には一つもないのです。

当時は堺がいちばん東寄りの国際貿易港だったということです。

その堺を信長が押さえたということは、信長に敵対する東日本の大名たちは、誰ひとりとして、硝石を簡単に手に入れることができなくなってしまった、ということなのです。

これが武田信玄や上杉謙信が鉄砲隊を持てなかった大きな要因の一つだったのです。

◇領民に嫌われた勝頼の末路

天正三年（一五七五）五月に長篠合戦で、武田軍に壊滅的なダメージを与えた後、信長は勝頼を放っておきました。

武田信玄の跡を継いだ勝頼という男は、非常に勇猛な武者で戦争には長《た》けていましたが、領国経営は、信玄にははるかに及びませんでした。と言うか、ハッキリ言ってしまえば領国経営が下手でした。

信長が長篠の戦いの後、すぐに動かず、武田家に手を出さなかったのは、石山本願寺との決戦に集中していたということもあるのですが、実はあることを待っていたからでもありました。

信長は何を待っていたのかというと、武田家の自滅です。

勝頼は戦《いくさ》は上手いが、領国経営は下手だ。このまま放って置けば、きっとへまをして、領民の心が勝頼から離れるに違いない。そして、そうなれば領民たちは、織田政権を待望するようになるだろう。信長はそう踏んでいたのです。

そして、結論から言うと、武田家は、この信長の読み通りになっていくのでした。

武田の領内には、今でも檜《ひのき》で有名な木曽《きそ》という地域があります。

木曽は山の中なので米のあまりとれない貧しい土地ですが、林業が盛んです。それにこの土地の人々は、山岳戦に強く、信玄の時代にその領民になってからは、信玄に忠誠を誓い、領土拡大に多大な貢献をしています。

ところが、勝頼の代になると風向きが変わります。

きっかけは、勝頼が木曽いちばんの名産物である檜と杉を大量に出せと要求してきたことでした。当時木材は城をつくるときの用材として高値がつきました。つまり、金になったのです。

最初は従っていた木曽の人たちも、あまりにも勝頼の要求が激しいことに怒り、ついに当時木曽を率いていた木曽義昌《よしまさ》は、「織田家に味方します」と言って、織田側についてしまいました。

信長は待っていましたが、何もしなかったわけでもありません。

崩れ始めた武田家を内部から崩壊させるための外交工作を行っています。

　このとき信長が武田側に仕掛けた謀略に利用されたのは、「穴山梅雪《あなやまばいせつ》」という人でした。穴山は苗字で、この人の本姓は武田です。彼は勝頼の従兄弟《いとこ》に当たり、妻は信玄の娘でした。つまり、二重の縁で武田本家につながっていた人物なのです。

　梅雪は、信玄が長男の義信《よしのぶ》を切腹に追い込み、四男の、しかも正室ではない諏訪御寮人《すわごりょうにん》が産んだ勝頼が武田家を嗣《つ》いだことをかねてから苦々しく思っていました。

　勝頼はもともと側室の子じゃないか、しかも諏訪家の血を色濃く引いている。俺はもともと本家につながっているし、妻も本家の人間だ。どう考えても俺のほうが身分は上だし、武田本家を嗣ぐにはふさわしいはずだ。

　そういう感覚を持っていたのだと思います。

　そこに、信長が「裏切り」を持ちかけたのです。

「あなたがこちらに付けば、武田家はあなたの名前で残しましょう」

　梅雪にとっては、願ってもない魅力的な話でした。

　こうして穴山梅雪が裏切ります。本家の縁者が裏切ったことで、ぼろぼろになった武田家で、勝頼は致命的な失政を行います。

　信玄以来の躑躅ヶ崎館《つつじがさきやかた》では不安だということで、勝頼は新府《しんぷ》（現在の山梨県韮崎市《にらさきし》）という場所に山城《やまじろ》を建て、居を移すことを考えたのですが、いかんせん新府城をつくるお金がない。そこで、地元の農民たちを搾《しぼ》って、金を出させ、米を出させ、強制労働させてしまったのです。

そうしてやっとの思いで大きな山城をつくったのですが、いざ戦いが始まったら、巨大すぎて守る兵が足りないということで、さらに山の奥に引き籠もると言って、さっさと新府城を捨ててしまったのです。しかもご丁寧に、引き揚げるときに新府城を燃やしたのです。

実は、退去する城を燃やすのは当時としてはよくあることでした。なぜなら残しておくと敵に利用されてしまうからです。

しかし、領民にしてみれば苦労してつくらされた城です。そんな領民が苦労して建てた城を、守る兵力が足りないからと言って、火をかけて燃やしてしまったのです。燃え落ちる新府城を領民たちがどのような思いで見ていたか、想像するまでもありません。

これで、勝頼は完全に領民の信を失います。

その結果、勝頼は非常に悲惨な最期を迎えることになります。

新府城を捨てた後、武田軍は脱走兵が相次ぎ、今の勝沼《かつぬま》というところに着いたときには、勝頼の周りには奥の女性しか残っていなかったと伝えられています。

勝沼に「大善寺《だいぜんじ》」というお寺があります。本堂は国宝、手に葡萄《ぶどう》を持った珍しい薬師如《やくしによ》

武田勝頼とその妻子（高野山持明院蔵）

来《らい》は重要文化財という由緒《ゆいしょ》正しきお寺ですが、この寺には武田勝頼が最後に畳の上で寝たという場所が今も残されています。

勝頼が最期を迎えた場所は、その大善寺から少し離れた、山の上です。今はそこに寺がありますが、当時は何もないただの鬱蒼《うっそう》とした山の中です。

そこで周りをびっしりと織田軍に囲まれ、勝頼は自害しました。そのときにはもうほとんど家来は残っていなかったと言います。

こうして、信長の天下統一を阻むものは、京の東からは一掃されたのです。

◇勝頼は最後のチャンスを自ら潰してしまった

長篠合戦で敗れた後、勝頼にも武田家を復活させるチャンスが実はありました。それは、第四章の最後で述べました「御館の乱」のときです。「御館の乱」とは、謙信の死後、越後で起きた上杉謙信の養子・景勝《かげかつ》と景虎《かげとら》の間の相続争いです。

勝頼は最初、上杉景虎を支持していました。なぜなら、景虎は北条氏から上杉氏に養子に行った人で、勝頼の正室は北条氏から来た人だったからです。しかも当時の北条の当主・北条氏政《うじまさ》、武田勝頼の正室、上杉景虎は兄弟でした。

北条氏は小田原城にいます。そして上杉の本国は越後（新潟）ですから、小田原から越後まで行くにはいかにも遠い。

ところが、武田の領国は甲斐国（山梨）ですから、甲斐でしたらすぐ越後に行けます。氏政にとってみれば、武田勝頼は自分の妹をもらっているわけですから義兄弟です。ですから「兄弟、頼むよ。うちの景虎が今景勝という男にやられそうなんでやっつけてくれ」という申し入れをしたのです。勝頼は当然これを受けようと思いました。

もしこれが最後まで貫かれていたら、どういうことになるかというと、当然武田のバックアップを受けた北条氏政は感謝するだろうから、実は北条・武田・上杉（上杉景虎が勝って景勝が殺されますから、上杉領が実質的に北条領）という大同盟ができるところだったのです。

ところが、なんと最初は自分の奥さんの弟でもある景虎を応援すると言っていた勝頼が、ある日ころりと変わって景勝を応援すると言い出しました。

これは、実は歴史上の謎なのです。武田勝頼が寝返ったことで、景勝が勝ってしまいました。そのことによって北条氏政は「自分の弟をなぜ助けてくれなかったんだ」と当然恨《うら》みます。

これから何年か経った天正十年（一五八二）、本能寺の変が起こった年でもあるのですが、その三月に織田信長は氏政に「東と西の両側から武田家を攻めて滅ぼさないか」と申し入れをします。氏政は乗りました。そのことによって結局、武田家は両側から攻められて滅んだわけです。

逆に言えば、御館の乱のとき、勝頼が氏政の頼み通りに景虎を助ける方に回り、上杉・武田・北条の大同盟ができていたら、さすがの信長もいかんともしがたかったと思います。では、なぜ武田勝頼は心変わりをしたのでしょうか。

調べてみますと、あるとき上杉方の景勝の使者がやってきて、その使者は条件を三つ出したと言います。

一つは黄金。でもこれだけだったら絶対ダメだったと思います。

二つ目は、上杉家の領土の一部を武田家に譲ります、と。これは、どういうことかわかりますか？　武田信玄は結局、最後の最後まで上杉家の領土は取れませんでした。父親ができなかったことを自分はできるということです。

最後の条件がすごいです。「これ以後、上杉家は武田家の家来になります」と言ったと言います。

それで勝頼はグラっときて、それまで応援すると言っていた景虎を見限ったのです。

この条件提示は、ものすごく頭のいい作戦です。

普通の条件からいったら、どう考えても勝頼は絶対に景虎の方に味方するはずです。にもかかわらず、それをひっくり返すというのは勝頼という人物を熟知していたということです。勝頼の何が泣きどころかというのを見抜いてるわけです。

では、その泣きどころは何かというと、「偉大な父」です。周りの人間が「先代様は良かった」「父上は偉大だった」「それに引き替え、今の当主はなあ」とやいのやいの言うわけです。

父親をどうしても超えたい勝頼にとって、黄金よりも大事なのは上杉家の領土です。そして、「上杉家を家来にすること」です。

このすごいアイデアは、上杉景勝のものではないでしょう。景勝という人は非常に男性的ないい人です。ただし、謀略に長けた人ではありません。「直情径行」という言葉がありますが、役者でいえば高倉健みたいな人で、男を貫くということには熱心だけれども、策略、謀略で人を陥《おとしい》れるようなことはものすごく苦手な人です。では誰が考えたのかとい

Point

武田・北条・上杉の大同盟を勝頼は自らの欲望で潰してしまった！

うと、やはり直江兼続《なおえかねつぐ》でしょう。

景勝の懐刀《ふところがたな》と言われた人で、実はこのときはまだ十代ですが、景勝的頭脳では無理だと思うので、やはり直江兼続のアイデアだと私は思っています。

それにしても武田勝頼は、北条・武田・上杉という大同盟による武田家復活の最後のチャンスを自らの欲望で潰してしまったのです。

第五章のまとめ

・「天下」などということを言った大名は信長だけです。他の大名は、自分の領土を広げることしか考えていません。すべて自分の領土を広げるための戦い、つまり「私戦」です。

・信長は義昭を十五代将軍の地位に就かせ、自分はその黒幕として振る舞いました。そんな回りくどいことをするのも、当時は「身分の壁」が大きく立ちはだかっていたからです。

・信長は、宗教弾圧者ではありません。「宗教者なら宗教者らしく政治には口を出すのはやめろ」ということを一貫して言っているだけなのです。

・長篠の戦いでは、馬防柵によって一カ所に足止めされた武田の騎兵隊が、一〇〇〇挺の鉄砲の轟音に驚き、パニック状態になって、自滅した、というのが実態です。

・武田勝頼は、北条・武田・上杉という大同盟を自らの欲望で潰してしまいました。もしこの大同盟がなされていれば、信長もそう簡単に武田家を滅ぼすことはできなかったでしょう。

第六章

信長は今なお誤解されている

宗教に対する無知が歴史を見えなくさせる

◇信長はヒトラーと同じか!?

織田信長は、日本で最も知名度の高い戦国武将の一人です。歴史学者はもちろん、作家や多くの知識人が、様々な場面で信長について述べています。

でも、その中には、信長のことを「誤解」しているものがたくさんあります。その典型的な例が、これからご紹介する二人の信長論です。

その二人とは、作家の藤沢周平《しゅうへい》さんと、評論家の佐高信さんです。

藤沢周平さんは亡くなられてしまいましたが、とてもいい小説がたくさんあります。『蟬しぐれ』『たそがれ清兵衛』『秘太刀馬の骨』等々。私も大好きな作家の一人です。

藤沢さんは小説だけでなく、『文藝春秋』という雑誌では、長年数多くのエッセイを書かれていました。その数あるエッセイの中の一編に、「信長ぎらい」(『信長ぎらい―巻頭随筆6』〈文春文庫〉所収)というエッセイがあります。

嫌いになった理由はたくさんあるけれども、それをいちいち書く必要はなく、信長が行った殺戮《さつりく》ひとつをあげれば足りるように思う。

それはいかにも受けいれがたいものだったのだ。ここで言う殺戮は、もちろん正規の軍団同士の戦闘のことではない。僧俗三、四千人を殺したという叡山《えいざん》の焼討ち、投降した一向一揆《いっこういっき》の男女二万を城に押しこめて柵で囲み、外に逃げ出せないようにした上で焼き殺した長島の虐殺、有岡城の人質だった荒木一族の処分、とりわけ郎党、侍女など五百人余の奉公人を四軒の家に押しこめて焼き殺した虐殺などを指す。

虐殺されたのは、戦力的には無力な者たちだった。これをあえて殺した信長の側にも理屈はあっただろうが、私は根本のところに、もっと直接に殺戮に対する彼の好みが働いていたように思えてならない。たとえば後の越前一向一揆との戦いで、信長は京都にいる所司代村井貞勝に戦勝を知らせて、府中の町は死骸《しがい》ばかりで空きどころがない、見せたいほどだと書き送った。嗜虐《しぎゃく》的な性行が窺《うかが》える文章で、このへんでも私は、信長のえらさをかなり割引きたくなるのだ。

こうした殺戮を、戦国という時代のせいにすることは出来ないだろう。ナチス・ドイツによるユダヤ人大虐殺、カンボジアにおける自国民大虐殺。殺す者は、時代を問わずいつでも殺すのである。しかも信長にしろ、ヒットラーにしろ、あるいはカンボジア政府にしろ、無力な者を殺す行為をささえる理想、あるいは使命感といったものを持っていたと思われるところが厄介なところである。権力者にこういう出方をされては、庶民はたまったものではない。

もう一人の佐高信さんは、政治、経済の世界で歯に衣《きぬ》を着せぬ鋭い論評で知られる、優れた評論家です。佐高さんは高潔な人物で、誘惑の多い経済評論の世界で、一切接待を受けない、ということをポリシーとして貫いている大変に立派な方です。

その佐高さんが、実は先の藤沢さんのエッセイ「信長ぎらい」に大賛成を示しているのです。

信長の「改革」は人を殺す「改革」である。信長を称揚する人は、小泉を含めて「改革」のためにはそれも止むを得ないと言うのだろう。しかし、「殺される側」に立って、断固、信長に異議を唱えた作家がいる。藤沢周平である。藤沢は「信長ぎらい」というエッセイで、信長をヒトラーやポルポトと並べ、こうした人間が「無力な者を殺す行為をささえる思想、あるいは使命感といったものを持っていたと思われるところが厄介なところである」と断じた。

（『佐高信の毒言毒語』講談社）

少し説明しましょう。

ヒトラーというのはナチス・ドイツの総統アドルフ・ヒトラーのことです。ヒトラーはユダヤ民族を劣等民族であると断じ、この世から根絶させることが人類にとって正しいことだとして、ユダヤ人を大量に逮捕して、その自由を奪って収容所に送り、片っ端からガス室で殺して、死体は焼却処分にしました。

大量殺戮《さつりく》には「ホロコースト」と「ジェノサイド」という二つの言葉があります。実は混同している人が多いのですが、この二つには明確な違いがあります。

ジェノサイドというのは、主に戦争の最中に非戦闘員、つまり武装していない一般市民が、偶発的に大量に殺されることです。

これに対しホロコーストというのは、戦時下、非戦時下を問わず、ある一民族を絶滅させる目的のために行われる大量虐殺を意味します。つまり、そこに「民族絶滅」という思想的目的がある場合をホロコーストと言うのです。

ですから、ナチス・ドイツがユダヤ民族に行った虐殺行為はジェノサイドではなく「ホロコースト」なのです。

ちなみに、中国政府は、日本軍による南京大虐殺を語るとき「南京ホロコースト」という言い方をしているのですが、これは間違いです。虐殺はあったかも知れませんが（私は少なくとも「大」虐殺ではなかったと考えています）、日本側には民族絶滅という思想的目的はなかったからです。ですから百歩譲って「ジェノサイド」が行われた可能性はあったとしても、少なくともホロコーストではありません。

では、カンボジアのポル・ポト政権が行ったカンボジア大虐殺はどうでしょう。これはホロコーストと言える可能性があります。なぜなら、特定の人々を意図的に虐殺しているからです。

ポル・ポトは、マオイズム（毛沢東《もうたくとう》主義）に基づき資本主義的要素をすべて否定しました。その結果、国民を自分たちの思想に適した「旧人民」と、従わない人々である「新人民」の二つに分け、新人民を弾圧したのです。虐殺された人数については諸説あってはっきりしないのですが、人口八〇〇万人のうち、少ない人でも二〇〇万人、多い人では四〇〇万もの人々が殺されたと言っています。

藤沢さんも、佐高さんも、信長のやったことは彼らと同じだと言っているのです。

◇信長は基本的な部分を誤解されている！

確かに、ヒトラーにもポル・ポトにも、藤沢さんが指摘したように「無力な者を殺す行為をささえる理想」がありました。

ヒトラーは、ゲルマン民族こそ世界で最も優秀な民族であり、ユダヤ民族はこの世に害をなす民族だと信じ、理想的な社会を築くために、ユダヤ人殲滅《せんめつ》を目指しました。

ポル・ポトも同じです。原始共産主義的理想国家を築く障害になるので、新人民を排除することが必要だと考えたのです。どちらもとんでもない理想ですが、理想と信念に基づく行為であることは間違いありません。

信長はどうでしょう。彼らと同じでしょうか？

違います。

なぜ違うと言い切れるのかというと、藤沢さんは基本的な部分を「誤解」しているからです。

もう一度、藤沢さんのエッセイを見てください。

藤沢さんは、「ここで言う殺戮は、もちろん正規の軍団同士の戦闘のことではない」と

Point

信長は宗教弾圧者ではない。
当時の宗教団体は「武装集団」でもあった！

言っていますが、「叡山の焼討ち」については明らかな間違いです。**相手は宗教団体ではありますが、彼らは僧兵《そうへい》と呼ばれる兵士たちを擁《よう》する武装集団だからです。つまり、これは正規の軍団同士の戦闘だということになります。**

まだあります。「虐殺されたのは、戦力的には無力な者たちだった」と言いますが、これも間違いです。殺された人の中に無力な者たちが一人もいなかったとは言いませんが、その多くは戦闘員なので無力な者たちではありません。

そして、「私は根本のところに、もっと直接に殺戮に対する彼の好みが働いていたように思えてならない」という部分です。これはちょっと微妙なところですが、私は信長に殺戮に対する好みがあったとは言い切れないと思っています。

どうしてそのようなことが言えるのかというと、信長は相手が恭順《きょうじゅん》の意を示して武装解除すれば、すぐに相手を赦《ゆる》し、それ以上の危害は一切加えていないからです。

では、藤沢さんや佐高さんのような立派な人たちが、なぜこのような誤解をしてしまったのでしょう。

それは、日本歴史上のある重大事件を、知らなかったからだと思います。

もし、お二人がこの事件のことを知っていたなら、信長についてこういう結論が出るはずがありません。

その重大事件とは「天文法華《てんぶんほっけ》の乱」と言われる事件です。

◇日本人が忘れてしまった「天文法華の乱」

天文五年（一五三六）七月、比叡山の僧兵が洛中《らくちゅう》（京の中心部）に乱入し、法華宗《ほっけしゅう》の寺院二十一本山《ほんざん》を焼き討ちしました。二十一本山は翌日までにすべて焼け落ち、多くの信者が命を落としました。このときの死者の数は少なくても三〇〇〇人、記録によっては一万人とも言われています。

しかも、焼けたのは寺院だけではありませんでした。寺を焼いた火は大火となり、京の町も焼きました。下京《しもぎょう》はほぼ全域、上京《かみぎょう》も三分の一が焼失したと言います。火を免《まぬか》れた御《ご》所《しょ》には人々が押し寄せ、ここでもまた女性や子供などが群衆に押し潰《つぶ》されて亡くなるという悲劇が起きました。

これが「天文法華の乱」です。天文は乱が起きたときの年号、法華は法華宗、つまり現在の日蓮《にちれん》宗です。焼き討ちされた法華宗では、この事件を「天文法難《ほうなん》」あるいは「天文法《ほう》乱《らん》」と言います。

では、何が原因でこれほどの大事件が起きてしまったのでしょう。

この大事件のきっかけは、同じ年の二月に、比叡山の僧・華王が、法華宗門徒《もんと》（日蓮宗の信徒）の松本久吉と宗教上の論争をして、比叡山の僧が言い負かされてしまったことでした。このときの論争を「松本問答」と言います。

華王にとってこれは大変な屈辱でした。何しろ相手は普段から新参の宗派とバカにしていた法華宗の、しかも僧侶ですらない信徒です。プロが素人に負けてしまったのですから大恥もいいところです。

当然、華王は「今に見ていろ、おまえら許さないからな」ということになるのですが、事が大きくなってしまったのは、この恥が華王一人の恥ではなく、比叡山の恥として畿内《きない》一円に広まってしまったからでした。

比叡山の面目は失墜、このまま放っておけないということで、焼き討ちに発展してしまったのです。

この乱の規模は、被害の面からみると、応仁の乱をはるかに上回ります。

第一章で触れた「応仁の乱」を思い出してください。室町時代の末期に、日本全国の大名が東軍と西軍に分かれて争い、京の大半が焼失、そこから足利《あしかが》将軍家は没落し、戦国時代が始まるきっかけを作った争いです。

その応仁の乱のときより、この天文法華の乱で焼失した面積のほうが大きいというのですから、大事件です。

ところがこれほどの大事件なのに、今ではほとんどの日本人がこの乱のことを知りません。実は、この天文法華の乱は、国語辞典である『広辞苑』(岩波書店)にも載っています。『広辞苑』は歴史事典ではないので、応仁の乱や本能寺の変、関ヶ原の戦いといった歴史的に大きな事件しか載っていません。

それなのに、日本史の教科書には小さな扱いでしか記載がないのです。だから、みんなこうした大乱があったことを知らないのです。

なぜこれほどの大乱が忘れ去られてしまったのでしょう。

最大の理由は、日本の歴史学者に宗教に対する興味と知識がないからです。本来、歴史というのは、その国の宗教と密接に結びついているので、宗教的視点が必ずあるのですが、日本の場合はないのです。

歴史学者でもない、いわば門外漢の私が歴史について書き始めたのも、もとを質《ただ》せば、歴史のプロである歴史学者が日本史に対する宗教の影響を無視していることに憤慨したからです。

しかし、ではなぜ歴史学者がみんなそろいも揃《そろ》って宗教的視点を持たなくなってしまったのでしょう。

実はその原因を作ったのは、他ならぬ織田信長自身なのです。

本章の冒頭で引用した『信長ぎらい』に代表される信長に対する誤解は、**信長が日本から「宗教戦争」を一掃してくれたおかげで、信長以前の日本で宗教戦争があったということを日本人が想像すらできなくなってしまったからなのです。**

なんとも皮肉な話ですが、信長にまつわる誤解は、信長が宗教勢力を武装解除させたことに起因していたのです。

◇「武装」宗教団体は教義をめぐって戦争をした！

天文法華の乱は、信長以前の日本における宗教団体の姿を如実《にょじつ》に物語る事件です。想像できるでしょうか。

天文法華の乱の加害者は、天台宗《てんだい》の僧兵です。

僧兵は、農民兵のように戦争のときだけ兵士として戦うというものではありません。彼らは比叡山がお金で雇った傭兵《ようへい》ですから、専門兵士なのです。つまり、宗教団体である寺院が、お金で兵士を雇い、自分たちのライバルを殺すということが、当たり前のこととして行われていたのです。

天文法華の乱では、法華宗関係者が多く殺されました。実行犯は傭兵である僧兵ですが、それを命じたのは比叡山です。今の比叡山しか知らない現代人には信じられないことかも知れませんが、これは歴史的事実なのです。

「僧兵」は、戦国大名のように、室町後期になってできたものではありません。僧兵の歴史はもっと古く、平安後期には、すでに大規模な寺院には多くの僧兵がいるのが当たり前になっていました。

えっ、そんな昔から？　と驚かれた方もいるかも知れませんが、実は皆さんも平安後期から「僧兵」がいたことを知っているはずです。知らないと思った方は忘れているのです。学校の歴史の時間にきちんと教えていないのも悪いのですが、平安末期に活躍した源義経の家来、武蔵坊弁慶《むさしぼうべんけい》を思い出してください。弁慶は僧兵でしたよね。ですから皆さん意識していないだけで実は知っているのです。

しかも弁慶は、牛若丸《うしわかまる》（義経の幼名）と出会ったとき、京の五条の橋の上で、通行人を襲って刀を強奪するということをしていたではありませんか。このエピソードは、当時の人にとって僧兵というものがいかに乱暴な人たちであったかということを暗示しています。

つまり、平安時代から信長の時代まで、日本の宗教団体は、少なくとも大寺院と称され

るところは、すべてプロの戦闘集団を持つ武装団体だったのです。

そもそも、平安時代に寺院が武装するようになったのは、治安の悪化に伴い、自分たちの土地と財産は自分たちの力で守らなければならなくなったからでした。

しかし、この専守防衛《せんしゅぼうえい》のための武力は、次第に攻撃的なものに変化していきます。

攻撃先は、一つは自分たちの権利を脅《おびや》かす権力者に対して、そしてもう一つあるのが、教義上の争いでした。

たとえば、浄土《じょうど》宗の開祖・法然《ほうねん》は「南無阿弥陀仏《なむあみだぶつ》」と唱えれば、それだけで極楽往生《ごくらくおうじょう》できると説きました。しかしこれに対し、日蓮宗の開祖・日蓮《にちれん》は、鎌倉の辻説法《つじせっぽう》で人々に「念仏無間《ねんぶつむけん》」と説きました。念仏無間とは、念仏なんか信じていると無間地獄へ落ちるぞ、という意味です。白血病で亡くなられた十二代目市川團十郎《だんじゅうろう》さんは、一時病気が緩解《かんかい》したときの記者会見で、その闘病の苦しさを「無間地獄の苦しみでございました」と表現しておられましたが、無間地獄とは、仏教の中で八つあるとされた地獄の中でも最下層に位置する最も苦しい地獄です。

ちなみに、日蓮が攻撃したのは念仏を説く浄土系の宗派だけではありません。

念仏無間、禅天魔《ぜんてんま》、真言亡国《しんごんぼうこく》、律国賊《りっこくぞく》

これは日蓮の「四箇格言《しかかくげん》（四箇条とも）」と言われる有名な言葉です。

「禅天魔」とは、禅宗は天魔のわざである、ということで、「真言亡国」は、真言宗を信じていたら国が滅びてしまう、という意味です。そして、四つ目の「律国賊」とは、律宗は間違った教えを国民に説く国賊である、という意味です。

これがそれぞれの信徒にとって、どれほど酷《ひど》い侮辱になるかおわかりいただけるでしょうか。

念仏を信じると無間地獄に落ちるぞ、ということは、念仏を信じて人々に説いた法然上人《しょうにん》は今どこにいるのかというと、無間地獄に落ちて苦しんでいるぞ、ということなのです。

法然上人の教えを受け継《つ》いで発展させた浄土真宗《じょうどしんしゅう》の開祖である親鸞聖人《しんらんしょうにん》も同じです。

つまり、この日蓮の言葉は、浄土宗、浄土真宗の信徒たちにとっては、自分たちの信仰を否定するものであるとともに、仏様とともに信仰をよせる法然上人や親鸞聖人を侮辱するものでもあったのです。

言われた方は当然、頭に来ます。だからケンカになるのです。

「おまえ、その言葉だけは許せん、取り消せ！」

「いや、日蓮上人の言葉は絶対に取り消せない」

この「取り消せ」「取り消せない」という言い争いが、武装集団で起きた場合、殺し合いになるのです。

天文法華の乱は浄土宗と日蓮宗の争いではなく、天台宗と日蓮宗の争いですが、**当時はいろいろな宗教団体が、教義の対立をめぐって、互いに武力闘争をしていたということな**のです。

いずれにも共通しているのが、論争でケリのつかない問題を、力でねじ伏せることで決着をつけようとしているという点です。

しかし、現実には教義の争いを武力で解決することはできません。いまだに世界中で宗教戦争が絶えないのがその証拠です。

◇当時の常識は現代の非常識

信長が比叡山を焼き討ちした本当の理由がここにあります。

武力行使では決して解決しない争いを、武力で片をつけようとしている宗教団体に対して、「おまえら、意見が違うからといって人を殺したらいかん。そんなことをしても何も解決しないぞ」ということをわからせるためだったのです。

今の私たちにとっては、ごく当たり前のことです。

しかし、当時の宗教団体の人たちにとっては、武力行使が当たり前だったのです。

とはいえ、宗教者の武力行使を嘆く人が当時まったくいなかったわけでもありません。

　評云、凡そ釈門（仏門）の徒たらん者は、大聖世尊（釈迦の敬称）の掟を背かざるを以て要とす。然《シカル》に二百五十戒等の諸戒を立テ給しに、殺生戒を以て第一のいましめとし給へり。されば心有る人は、諸人の苦に替りて、我一人悩まんとこそ思フべきに、今の山門の衆徒《しゅと》、慈恵僧正（天台一八世座主良源）、南都の六宗と法論の事に付て、合戦に及ビしより已来《このかた》、忍辱《にんにく》の衣を脱いで、堅甲利兵（よろい・武器を身につけた兵）の形と成り、仏法の怨敵に事を寄せ（かこつけて）、彼を非し此を是す。

　加之《しかのみならず》、人の命を亡ぼす事を罪とせず。たまたま心有る人、「それは仏戒を破り給ふに成り侍るらん」と謂へば、「仏も魔を降伏し、菩薩も慈悲の殺生有り」と答ふ。大に非なり。仏の衆生を助けんがために悪魔を払ひ給ふと、菩薩の衆生を渡（度）せんための慈悲の殺生とは、雲泥万里の異なり。

（『太平記秘伝理尽鈔』今井正之助他校注　平凡社刊／ルビは、一部を除き省略した。）

これは、南北朝時代を舞台とする古典文学『太平記』（作者・成立年代共に不明）の注釈書『太平記評判秘伝理尽鈔《りじんしょう》』の一節です。

実は当時の武士にとっては『太平記』そのものより、注釈書である『太平記評判秘伝理尽鈔』の方が基本教養のテキストとされていました。

引用した部分は、ある武士のセリフです。

どういうことかと言うと、ごく簡単に言うと、次のようになります。

「あの坊主どもはいったい何だ。そもそもお釈迦《しゃか》様が説いた戒《かい》（やってはいけないこと）の一番は『殺生戒《せっしょうかい》』、つまり人を殺してはいけないということだろう。

それなのに、今の比叡山の坊主どもは、相手と意見が合わないとなると、議論するよりも鎧《よろい》を着て相手を殺しているじゃないか。

さらに奴らは、心ある人が『それは仏様がいちばん大切にしていた殺生戒を破ることになるんじゃないか』と批判したら、『俺たちがやっているのは、悪いやつをやっつけているのだから、殺生ではなく菩薩行《ぼさつぎょう》、つまり、正しい仏の道なのだ』と言った。なんてとんでもないやつらなのだろう」

ということです。

つまり、この文は比叡山を批判しているのです。

こういうことがすでに武士たちの基本教養の書に出ていたということです。

今はほとんどの日本人が、このことを知りません。藤沢周平さんも佐高信さんもご存じなかったのだと思います。

つまり、私は何が言いたいのかというと、信長はいろいろと新しいこと、独創的なことをしていますが、比叡山や本願寺といった武装宗教団体に武装解除を求めたということは決して信長だけの思想ではなく、寺が武装して、互いに武力行使をしあっていることは、僧侶として、宗教団体として、あるまじき破戒《はかい》行為だということが、すでに武家社会の常識だったということです。

◇江戸時代が平和だったのは信長のおかげ

天文法華の乱の加害者は比叡山延暦寺《えんりやくじ》で、被害者は法華宗（日蓮宗）です。

これは事実ですが、では日蓮宗は一方的な被害者なのかというとそうではありません。

実はこのとき、比叡山はある組織に「法華宗のやつらを皆殺しにするんだけど、おまえたちも一緒にやらない？」と声をかけています。

その組織とは、本願寺なのです。

なぜ本願寺を誘ったのでしょう。

本願寺は浄土真宗ですから、日蓮に「念仏無間」と侮蔑されている宗派なので、もともと仲が悪いのですが、それに加えて、大きな理由がありました。

実はこの数年前に、当時、京都の山科《やましな》にあった本願寺が、法華宗門徒によって焼き討ちに遭っていたのです。

天台宗はそのことを知っていたので、「おまえたち、この前法華のやつらに酷いことされて恨《うら》んでいるんだろ。仕返しするチャンスだぞ」ということで誘ったのです。

結果から言うと、本願寺はこの誘いに乗りませんでした。その代わり、二度と山科本願寺のような目に遭いたくないということで、大坂の石山《いしやま》本願寺に要塞《ようさい》のような寺をつくり、本部を引っ越させたのです。

要するに、比叡山も本願寺も日蓮宗も、宗派としては今に至るまで続いているので多くの人が誤解しているのですが、かつての、少なくとも信長以前は、比叡山は今の比叡山ではなく、本願寺も今の本願寺ではなく、日蓮宗も今の日蓮宗ではなかったということです。

「坊さんだから丸腰で平和勢力だ」と思ったら大間違いです。

もちろん、寺の上層部の中には宗教活動しかしていない僧侶もいたと思いますが、総じてこの時代の巨大寺院というのは、戦国大名と同じか、ある意味それ以上の武力を持っていたのです。

その証拠に、これはご存じの人も多いと思うのですが、当時の加賀国《かがのくに》は大名が本願寺勢力によって滅ぼされ、本願寺王国になっていました。

彼らは強大な武力と、それを維持する経済力を持っているので、いくら武士たちが「そんなことはやめろ」と言っても聞く耳を持ちません。それどころか、敵対したらすぐに「仏敵《ぶってき》」とか「法敵《ほうてき》」と言われて攻撃対象にされてしまうのです。

言って聞かせてわからない以上、武士としては力を見せるしかありません。「おまえたちは坊さんなのだから、武装解除して、本来の坊さんの務めである宗教活動に専念しなさい」ということを言い聞かせ、了承させるために、信長は比叡山を焼き討ちしたのです。

当時の比叡山の僧たちが言ってわかる連中だったら、信長も比叡山焼き討ちなどしなかったでしょう。

事実、比叡山と並び立つ真言宗の本山、高野山金剛峯寺《こうやさんこんごうぶじ》は焼き討ちに遭っていません。なぜなら、彼らは「武装解除しなければ焼き討ちするぞ」と勧告されたとき、それにあらがわず従ったからです。

当時、すでに信長は亡くなり、天下人は豊臣秀吉になっていましたが、「あの信長の後継者の秀吉なら、ここで拒否したら本当に焼き討ちするだろう」と高野山は思ったはずです。

ちなみにこのとき、高野山の近くにある同じ真言宗の「根来寺《ねごろじ》」は、勧告に従わなかったために焼き討ちされてしまっています。

つまり、信長が比叡山を完膚無《かんぷな》きまでに叩いたからこそ、高野山を始め多くの巨大寺院が武装解除し、宗教組織本来の姿で、国家権力に従うようになったのです。

信長・秀吉の頑張りで、最も恩恵を受けたのは徳川政権でした。江戸時代の僧侶はみんな武器など持っていないし、あそこの教義は間違っているといって宗教団体同士が殺し合うということもありません。

江戸時代の日本が、そんな平穏な状態でいられたのはどうしてかというと、信長のおかげなのです。ところが、平和なのが当たり前になってしまうと、人々はそれまでのいきさつを忘れ、今の宗教団体の姿だけを見て、「信長は丸腰の僧侶を殺した残虐なヤツだ。けしからん」と言うのです。こういうのを本末転倒と言います。

◇「安土宗論《あづちしゅうろん》」は本当に信長の八百長だったのか

教義上の問題は、武力行使ではなく、僧侶らしくきちんとした議論によって決着をつけなさい、というのが信長のスタンスでした。このスタンスに基づいて天正《てんしょう》七年（一五七九）五月、完成したばかりの安土城の城下で行われた宗教討論が「安土宗論」です。

この安土宗論についても、定説とされている説には大きな誤解が含まれています。

　天主完成直後の一五七九年五月、安土城下町の端にある浄厳院《じょうごんいん》で、浄土宗と法華宗（日蓮宗）との公開討論が行われた。有名な安土宗論である。討論というより勝負であったが、信長はあらかじめ八百長を仕組んでおり、法華宗が負け、詫証文《わびじょうもん》を書いてそれまでのはげしい折伏《しやくぶく》による教線拡大の変更を予儀なくされた。浄土宗側は宗論に先だって何事も上意次第と信長にこたえており、安土宗論によって信長は浄土・法華二大宗派を統御することに成功したのである。それのみか信長は、敗れた法華宗の洛中一三本山から二万六〇〇〇両もの金を、罰金としてせしめている。

（『日本の歴史⑪　天下一統』熱田公著　集英社刊／ルビの一部を省略した。）

熱田氏はこの時代の専門学者ですが、はっきり言って、この文章は間違いだらけです。中でも最大の間違いは、「あらかじめ八百長を仕組んでおり」という部分です。実は、安土宗論は八百長だったというのが、今の日本史の定説なのです。そして、専門家の熱田氏も、その説を支持しているということです。

しかし、これは明らかな間違いです。私がそう言い切る理由はいくつもあります。でも、それを述べる前に、なぜ八百長だと言うのか、八百長論者の言い分を聞きましょう。


安土宗論の様子は、信長の右筆《ゆうひつ》・太田牛一《おおたぎゅういち》の書いた『信長公記《しんちょうこうき》』に詳しく記されています。

討論メンバーは、各宗派三人ずつ。

浄土宗側は、リーダー格の貞安《ていあん》を筆頭に玉念と洞庫という二人の僧。

法華宗側は、頂妙寺の日珖《にっこう》、妙満寺久遠院の日淵、常光院の日諦。

勝敗を判定するレフェリーには、南禅寺《なんぜんじ》の長老の景秀（臨済宗《りんざいしゅう》）とその侍者・西堂、法隆寺の仙覚（法相宗《ほっそうしゅう》）、そして華厳宗《けごんしゅう》に詳しい在家の識者・因果居士《こじ》（本名不明）が選ばれました。

織田家からは、信長の弟・信行の子・織田（津田）信澄、堀秀政《ほりひでまさ》他二人の計四人が立ち会っています。

討論は浄土宗側が口火を切ります。

「法華経八巻の中に念仏という概念はあるのか？」

「当然ある」

法華側が答えます。

「ならば、なぜ法華宗徒は念仏は無間地獄に落ちるなどと言うのか？　おかしいではないか」

法華側はこの質問に少し窮《きゅう》したのでしょう、質問で切り返します。

「法華経が説く阿弥陀如来《あみだにょらい》と、浄土宗の説く阿弥陀如来は同じだろうか？　別体だろうか？」

「阿弥陀如来はどこにあろうても一つに決まっている」

浄土側が答えると、法華側が攻めます。

「同じならば、なぜ浄土宗は法華経を捨てて念仏のみに専念しろと説くのか？　それこそ矛盾しているではないか」

「別に捨てろとは言っていない。念仏を唱えるときは、余計なことを何も考えるなと言っているだけだ」

どちらも譲らず、討論はさらに白熱します。

「余計なことを考えるなと言ったが、そんなことを認めている経典があるのか？」

法華側のさらなる質問に浄土側が切り返します。

「浄土経に『うまく方便《ほうべん》をたてて衆生《しゅじょう》を悟りへ導く』とあり、また、『だからこそひたすらに阿弥陀如来を念じよ』とあるではないか」

ここからが大事なところなので、原文と訳を入れておきましょう。

『信長公記』原文

（「法花云ふ」が脱落していると考えられる。そうしないと意味が通じない）法花ノ無量之儀経ニ方便ヲ以テ、四十余年未ダ顕セズ、真実ト云ヘリ。

貞安云ふ、四十余年ノ法門ヲ以テ、爾前ヲ捨テバ、方座第四ノ妙ノ一字ハ、捨ルカ、捨ザルカ。

法花云ふ、四十余年四妙ノ中ニハ、何ゾヤ。

貞安云ふ、法花ノ妙ヨ、汝知ラザルカ。此ノ返答、コレナク閉ロス。

貞安亦云ふ、捨ルカ、捨ザルカヲ、尋ネシトコロニ、無言ス。

○大意

法華側が言います。

「無量義経《むりょうぎきょう》という経典には、お釈迦様が四十年間修行したが、（法華経以前には）真実の悟りに達することができなかった、とある。だから、法華経以前に書かれた経典（浄土経を意味する）は、真実の悟りに基づくものではない」

浄土側が尋ねます。

「お釈迦様が四十年間修行した間のものは、法華経以前のものだから真実の教えではないというのなら、『方座第四の妙』は捨てるのか？　捨てないのか？」

「その妙とは、四十年間の中のどの妙のことを言っているのか？」

法華側の質問に浄土側が言います。

「法華の妙だ。そんなことも知らないのか!?」

「どうした、捨てるのか？　捨てないのか？」

再度たたみかけるように聞かれた法華側は、口を閉ざしてしまいました。

浄土側が聞いたこの言葉の意味が、法華側はわからず、質問に答えられなくなったということで、この公開討論には「浄土側の勝ち」という判定がくだされました。

問題は、法華側がわからなかった『方座第四の妙』という言葉です。

実は、八百長論の人たちは、これを「もともと浄土宗側がわざと意味のわからない言葉を使うことで、法華側を回答不能状態に陥《おちい》らせ、言葉に詰まったらそこで負けとするという信長の計画だった」と、主張しているのです。

◇歴史学の先生方は、仏教を知らない

八百長論最大の論拠は、『方座第四の妙』が意味不明のデタラメな言葉だ、というところにあります。

でも、私が八百長論を否定する論拠も、実はこの『方座第四の妙』という言葉にあります。どういうことかというと、この言葉はデタラメなどではなく、きちんとした意味がある言葉だということです。

だから安土宗論は、**八百長などではなく、公正な討論会であり、その判定も正当なものだった**、ということになるのです。

ただし、誤解がないように言っておきますが、この勝敗は、あくまでもこの討論会における勝敗であって、浄土宗と法華宗（日蓮宗）の是非を言っているわけではありません。

あくまでも、このとき法華宗が負けたのは、この言葉の意味を、ここに出場しているメンバーがわからなかったからに過ぎません。

ここで大切なのは、勝敗ではなく、この討論会がフェアなものであったということです。

その証拠は、『方座第四の妙』です。

この時代の専門家である熱田先生を始め、多くの歴史学者が八百長説を受け入れたのは、先生方に仏教の知識がなく、この言葉の意味がわからなかったからです。

実は、一番最初に『方座第四の妙』は意味のないデタラメな言葉だと主張したのは、この討論会で負け、恥をかいた法華宗なのです。

「俺たちは、意味不明の言葉を使って返事ができないようにする、という信長の汚いやり方にはめられたんだ。あれは公正な討論会ではない。初めから俺たちが負けるように仕組まれた八百長だったんだ！」というわけですね。

歴史学の先生方は仏教を知らないので、この法華宗の「言い訳」にまんまと騙《だま》されてしまったのです。

「偉そうなことを言うが、じゃあお前は『方座第四の妙』の意味がわかるのか？」

という読者の声が聞こえてきそうなので、お答えします。

「わかります」

なぜわかるのかというと、実は近代になって、ある先生が『方座第四の妙』というのは、このように解釈できると答えを出してくれているからです。

その先生とは、田中智学《ちがく》という大学者です。実はこの人、日蓮宗の学者なのです。

本来なら、日蓮宗側の人は絶対に『方座第四の妙』に意味があることを認めてはいけないはずです。なぜなら、意味があることを認めてしまったら、安土宗論は公正なもので日蓮宗は浄土宗に負けた、ということを認めることになるからです。

ところが、田中氏は、「ついうっかり」『方座第四の妙』の意味を自分の論文の中で言ってしまったのです。

「ついうっかり」と申し上げたのは、田中氏は本当は言うつもりなどなかったと思われるからです。なぜなら彼は、自分が主宰する『毒皷《どっく》』という雑誌の中で、『方座第四の妙』という言葉を使った貞安を激しく非難しているからです。

> こんな事は全く話しにならない、それこそお釈迦様でも気がつかない事だ、知ッて居るのは、世界中に唯一人、劫初以来何億万年にも唯一人、その唯の一人しか知るものは無い、それは大雲院開山教蓮社退魯大和尚聖誉貞安上人唯一人《にん》である、「経文」に

も「論文」にも「釈義《しやくぎ》」にも、曽《かつ》て以て登録されない珍妙怪奇の「造《つく》り名目《みようもく》」を以て、相手を煙に捲かうといふのは、モー法義論談の分域を通り越して、残るところは貞安の人格問題だ。

（『毒皷　殉教号』　六七ページ　獅子王文庫発行　傍点は著者）

これだけ激烈な言葉で貞安を非難しているにも拘わらず、同じ雑誌の論文の中で、他ならぬ田中氏自身が次のように言っているのです。

「方座第四の妙」といふのは、追究したら恐らく「方等《とう》会《ゑ》座四教並説《べらせつ》中《ち》第四圓教所談《えんけうしよだん》の妙」といふつもりであらう。

（『毒皷　殉教号』　六八ページ　獅子王文庫発行）

「方座第四の妙」とは、「方等《とう》会《ゑ》座四教並説《べらせつ》中《ち》第四圓教所談《えんけうしよだん》の妙」のことだ、というのですが、これを理解するには、少々説明が必要です。

大乗《だいじよう》仏教では、お釈迦様は五つの時、つまり五つのステージで教えを説いたとしています。

第一　華厳時《けごんじ》
第二　鹿苑《ろくおん》（阿含《あごん》）時《じ》
第三　方等時《ほうどうじ》
第四　般若時《はんにゃじ》
第五　法華涅槃時《ほっけねはんじ》

法華経を説いたのは、第五の法華涅槃時です。

つまり、浄土宗側の貞安の質問、「お釈迦様が四十年間修行した間のものは、法華経以前のものだから真実の教えではないというのなら、『方座第四の妙』は捨てるのか？　捨てないのか？」というのは、「お釈迦様が法華経以前の四十年間に説いた教え、つまり第一の華厳時から第四の般若時までの間に説いた教えがすべて真実の教えではないと言うのなら、第三の方等時（＝方等座）で説いた四教並説中の第四の『圓教《えんぎょう》』で語られている「妙《みょう》」の教えは捨てるのですか？　捨てないのですか？」と聞いたのです。

もう少し詳しく説明しましょう。

五つのステージの第三ステージ、方等時では、お釈迦様は「蔵《ぞう》、通《つう》、別《べつ》、円《えん》」という四つの教えを並説したとされています。そして、四教の中の「蔵、通、別」の三つは大乗仏教以前の古い教えで、四番目の「円（＝圓）」は大乗仏教の教えとされています。

そして、「円」の教えは大乗仏教なので、当然、「妙」つまり妙法蓮華経《みょうほうれんげきょう》（＝法華経）に象徴される完璧な教えも説かれたということになっているのです。

おわかりでしょうか？

「これまでは方等座の四教のなかの四番目の『円教』は法華経と同じ真実の教えだと言っていたのに、今は法華経以前の教えは全部ダメだと言う。矛盾しているじゃないか。方等座の『妙』はどうするんだ。真実の教えじゃないと言って捨てるのか？」と貞安は聞いたのです。

かなり専門的な内容ですが、法華経をきちっと学んだ人間ならば当然知っているはずの知識です。

事実、田中氏は『方座第四の妙』の意味を「方等会《とうゑ》座四教並説中《べらせつち》第四圓教所談《えんけうしょだん》の妙」のことだとちゃんと理解しています。現代の日蓮宗側の学者が理解できている以上、当然、当時の法華宗の学僧にも理解できなければならない言葉です。

だから、この安土宗論は、勉強不足で相手の発言が理解できなかった法華宗の負けと判定されたのです。

ちなみに、田中智学氏は貞安を非難しているけれど、自分でちゃんと言葉の意味を理解して「方座第四の妙」とは「方等会座《とうゑ》四教並説《べらせつ》中第四圓教所談《えんけうしよだん》の妙」のことだと言っているじゃないですか、と指摘したのは、浄土宗の学僧である林彦明氏でした。

つまり、ここでも日蓮宗は、浄土宗に一本取られてしまったのです。

◇安土城は信長教の神殿だ！

天正七年（一五七九）五月、安土宗論の直前、信長最後の城となった安土城は完成しました。

安土城は琵琶湖の畔《ほとり》の小高い丘の上に建てられました。安土山の標高は約一九九メートル、城本体の高さは四六メートル、下から安土城を見上げた人々は、合わせて約二四五メートルの高さの建築物を見ることになりました。

これは日本最初の高層ビルである霞ヶ関ビルの一四七メートルを上回ります。まして、当時は高い建物など無い時代です。人々の目に安土城は、天を突くような高層建築物として映ったでしょう。

私たちは、信長がこの三年後（天正十年六月二日）に本能寺で死んでしまうことを知っているので、安土城が信長にとっての最後の城だということを知っています。そのためこの城から信長の最終的な思いを読み取ろうとしたくなりますが、当の信長にとっては、この城は最後の城ではありませんでした。まさか三年後に自分が死ぬとは思っていなかった信長は、次の城のことを考えていました。

信長は、さらに領土が拡大したときに新たな城をつくる場所を、このときすでに決めていました。その場所とは「大坂」です。もっと具体的に言うと、信長が約十年も苦しめられた石山本願寺のあった場所です。おそらく、自分が苦しんだだけに、その立地の良さを痛感していたのでしょう。信長は本能寺の変で亡くなってしまうので、この計画は果たされませんでしたが、計画はすでに進んでいたと思われます。

その証拠に、秀吉は本能寺の変の後、明智光秀《あけちみつひで》を倒すと、翌年には大坂城建設に着工しています。これほど短期間で着工できたということは、信長のための城の建設計画があったと考えるべきでしょう。

大坂で本格的な城をつくろうと考えていた信長にとって、安土城は仮の住まいに過ぎませんでした。

このように言うと、「何だ安土城は仮住まいなのか」とがっかりしてしまうかも知れませんが、仮住まいのつもりだったとはいえ、安土城がそれまでにまったくなく、それ以後もない、非常にユニークな城であることに変わりはありません。

では、何がそんなにユニークなのかというと、安土城は、城であって城ではないからです。

本来の「城」というのは、軍事要塞、あるいは軍事基地です。

江戸時代になると、戦争が無くなるので、その主な役目は、政庁や県庁、つまりお役所に変化しますが、いざ何かあったときには、本来の役割である軍事基地として使われます。

いずれにしてもはっきりしているのは、城は人の住むところではない、ということです。人が住むのは、城の周りの御殿か、城下町の住宅です。昔の東映時代劇などでは、お殿様が天守閣から人々に手を振っているシーンがありましたが、基本的にお殿様が天守閣に上るのは戦争のときだけです。なぜなら天守閣は、戦争のときの司令塔だからです。

つまり城というのは、戦時においては、要塞として使い、平時はお役所として使うというのが本来の使われ方なのです。

ところが安土城は、内部が豪華に装飾されており、「城」と言うよりは、意匠《いしょう》を凝らした屋敷、または豪華な寺院のような建物になっています。

このことから私は、**信長は安土城を戦争拠点としての「城」として建てたのではなく、**

安土城図(大阪城天守閣蔵)

「信長教の神殿」として建てたのではないかと思っているのです。

信長はもとを質せば尾張《おわり》一国の田舎《いなか》大名です。しかもその出自は守護大名でないのはもちろんのこと、他の戦国大名のように守護代ですらありません。そんな身分が低い信長がいくら金と力を蓄《たくわ》えても、誰も心から臣従しないことはわかっていました。

そのため信長は、天下布武と同時並行で、実は地道な宗教政策も行っていました。ここで言う宗教政策というのは、「正統性の確立」ということです。

なぜ信長が日本を治めるのか。信長が天下人として日本を治める正統性は何に由縁《ゆえん》するのか、ということです。これは「新たな権威の創造」と言ってもいいでしょう。

日本の正統な統治者は神代《かみよ》の昔から「天皇」と決まっています。そのため、これまで天皇以外の人間が権力を確立する場合、自分は天皇から統治を委任された人間である、ということを明確にする、という方法が採られてきました。藤原氏が作り出した「関白」や、鎌倉幕府によって確立された「征夷大将軍」がそうです。これらはいずれも天皇が任命した、という建前になっています。

信長の後を継いで天下人になった豊臣秀吉は、藤原氏に倣《なら》って関白になることで自らの正統性を主張しました。その後を担った徳川家康は、江戸幕府を開き、自らが征夷大将軍になることで、正統性を主張しました。

どちらも先例に倣ったやり方です。

ところが信長は、どうも先例のない、まったく新しい正統性の創出ということを考えていたようなのです。

なぜそれがわかるのかというと、実は安土城の構造を見るとわかるのです。

◇安土城の謎の構造――「吹き抜け」をなぜ採用したのか

安土城は外から見ると五階建てに見えますが、石垣の中に部屋があり、さらにその下に地下室があるので、中は七層になっていました。内装は各層ごとにテーマがあり、それが豪華な意匠で表現されていました。

本能寺の変の後、短期間で焼失してしまった安土城のことが、なぜ詳しくわかるのかというと、主に三つの史料のおかげです。

一つは、先ほど安土宗論のところでもご紹介した『信長公記』。『信長公記』には、安土城の内装が事細かに記されています。

二つ目は、当時日本で布教活動を行っていたキリスト教イエズス会の宣教師、ルイス・フロイスの書簡です。彼は信長と直接親交があり、自ら聞いたこと、見たことを詳しく本国に書き送っています。

三つ目は、信長のそば近くに仕《つか》え、後に加賀百万石の領主となった前田家の大工、池上家に伝わっていた城の絵図面、つまり設計図です。これが発見されたのは昭和になってからでしたが、この絵図面には「天主指図《てんしゅさしず》」と書かれているだけで、どこの城のものなのかわかりませんでした。

この設計図が安土城のものであると最初に気づいたのは、建築史学家にして工学博士でもある内藤昌氏でした。彼はこの古い図面をもとに、長年の研究をかさね、安土城の復元図をつくりあげました。今、私たちが目にする安土城の復元図や構造図、映画やドラマのセットは、すべて内藤氏の研究成果に基づいて作られたものです。

こうした史料と、先人の研究によって明らかになった安土城には、通常の城にはあり得ないもの、むしろ城を建てるときに決して採用しないであろう構造がありました。

それは「吹き抜け」です。

安土城の復元図を作った内藤氏は、もととなった「天主指図」に吹き抜けがあることに驚いたと言います。なぜなら、日本の伝統的な建物に吹き抜け構造を持ったものは一つもないからです。

吹き抜けは、日本ではあまり見られませんが、ヨーロッパでは古くから教会建築などに採用されています。

西洋では使われているのに、なぜ日本では「吹き抜け」が採用されなかったのでしょう。

理由は簡単に想像できます。火災対策です。

ヨーロッパの主な建築素材は石や漆喰《しっくい》なので、火事になっても建造物そのものが焼け落ちることはありません。しかし、日本の建築素材は主に木材です。木材は火に弱く、もし吹き抜けなど作ったら、火事になったときにあっという間に燃え落ちてしまいます。

つまり、ただでさえ燃えやすい木造建築に、炎の回りやすい吹き抜け構造を採用することは、命取りなのです。

さらに、大きな吹き抜け構造は建物の強度を弱めるので、城のように頑丈さが求められる建築物には向きません。

つまり日本のような木造建築では、吹き抜けを作るということは、構造的に弱く、何かあったときには燃えやすいという二つの致命的な欠陥を持つことになるのです。

しかし、信長は、この致命的な欠陥を押して吹き抜けを作らせました。ということは、そこに吹き抜けがどうしても必要だった理由があるということです。

◇安土城の知られざる内部

　安土城は全部で七層構造です。吹き抜けは建物の中央に位置し、第二層から第五層までを貫いていました。

　つまり、第五層から吹き抜けの下を覗くと、第二層の床面が見えることになります。実は「天主指図」には第一層に、あるものが置かれていたことが書かれていました。

　そのあるものとは「宝塔《ほうとう》」です。

　内藤氏はこの「宝塔」を仏舎利塔《ぶっしゃりとう》と考えていたようですが、私は、ここで言う宝塔は、仏舎利塔ではなく、正しい教えを説く仏が出現したときに、それを祝福して現れると法華経に記されている「多宝塔《たほうとう》」だと考えています。

　もう一つ、「天主指図」には、城内に「盆山」という自然石があったと記されているのですが、同じことをルイス・フロイスも書き残しているのです。

　フロイスは、信長が安土城に「摠見寺《そうけんじ》」と称する寺院を建立《こんりゅう》したと述べた上で、次のように記しています。

日本では普通、神《カミ》の伝道に神体《シンタイ》と称する石がある。神体は守護者である神の心および本体を意味するが、かの安土山の寺院には存在しなかった。信長がかつて述べたところでは、彼自身が正しくその神体にして生きた神仏であり、己以外に世界の支配者も万物の創造者もないとのことであったが、彼の家臣たちが信長より他に崇拝すべきものはないと明言するように、現世において崇《あが》められることを望みとしていた。これは家臣たちが公然と（このように）信長に述べ、彼の寵愛《ちようあい》に与《あずか》るためであった。彼に対する尊敬の念が同寺院に集められた偶像に対するそれに劣らぬようにするため、或る人がこの目的に適う盆山《ボンサン》と称する石を持参した時、信長は寺院でもっとも高く諸々の仏《ホトケ》より上になる場所に壁龕《へきがん》もしくは奥まった小さな祭壇風のものを造らせてここにその石を置いた。

（『十六・七世紀イエズス会日本報告集』第Ⅲ期第6巻　同朋舎出版刊　傍点は著者）

安土城の謎を解くためには、内部の装飾も重要です。

内部については、太田牛一が詳しく書き残しています。しかし、それをいちいち詳しくご紹介する余裕はないので、ここでは『信長公記』に基づき安土城の内装を簡単に説明します。

第一層（地下）は、高さ約二三メートルの石蔵《いしぐら》で特に装飾はありません。

第二層（石垣の中）は、いくつもの座敷からなっていましたが、その座敷はすべて布張りに漆《うるし》が塗ってあるという豪華さで、その壁面や襖《ふすま》には、梅や鳩、ガチョウ、雉《きじ》などが描かれていました。

ちなみに、安土城の座敷の絵の描いてあるところにはすべて金箔《きんぱく》が押されていたと記録されています。いずれの層も「城」の概念を覆《くつがえ》すほどの豪華さです。

第三層には、中国の賢人たちの姿が描かれていました。

第四層は、岩の絵ばかりの「岩の間」や、同じく「竹の間」、「松の間」などがありました。

第五層には何も絵がなく、南北の破風口《はふぐち》のところに四畳半の座敷が二つあるだけでした。

第六層は、正八角形という実にユニークな形をしており、座敷の内側にはお釈迦様の十大弟子の姿や、お釈迦様が悟りを開いて説法をしたときの姿が描かれ、縁側には餓鬼《がき》や鬼の絵が描かれていました。

そして最上階の第七層の座敷は、総金張りで四方の柱には昇龍《のぼりりゅう》と降龍《くだりりゅう》の姿が彫られ、

1/20安土城ひな型（内藤昌復元©／安土城郭資料館蔵）

天井には天人《てんにん》が、壁と襖には中国の三皇《さんこう》・五帝《ごてい》、孔門《こうもん》の十哲《じってつ》、商山四皓《しょうざんしこう》、七賢《しちけん》などが描かれていました。太田牛一は、この第七層の説明に「影向の所」という言葉を使っています。

「影向《ようごう》」とは、神道《しんとう》で「神が人間界に出現した場所」を示す「影向石《ようごういし》」のことと思われます。というのも、安土城とは目と鼻の先に位置する石山寺《いしやまでら》に、最も有名な影向石があり、信長は安土城竣工《しゅんこう》前の元亀《げんき》四年（一五七三）二月にここを訪れているからです。

◇信長は生きながら神になろうとした！

これでやっと安土城の全容がほぼつかめました。信長はこれで何をしようとしていたのでしょうか。

一言で言えば、**「自己の神格化」**だと思います。

当時の日本で、人々の信仰を集め、最も尊いお経とされていたのは「法華経」です。正確に言うと、「妙法蓮華経」です。

その法華経の中には、お釈迦様が真の悟りに達したとき、それを祝福するため、地面の底からズズズッと多宝塔が現れ、多宝如来が「善哉、善哉（よきかな、よきかな）」と釈迦を祝福したという場面があります。

先ほど、安土城の第一層にあったとされる宝塔は、この「多宝塔」を意味していたのではないかと述べました。

法華経には、多宝塔は、地下から出現したと記されています。だからこそ安土城でも宝塔は、地下である第一層に置かれなければならなかったのです。

そして、その上が第五層まで吹き抜けになっていたということは、その多宝塔を上から見るためだったのではないでしょうか。

ここで重要になってくるのが、内装です。

宝塔の上の吹き抜けのさらに上に位置する第六層に描かれていたのは、お釈迦様を初めとする仏教世界でした。これはその下の多宝塔とまさに一致します。

ここまでが、当時の日本で「最高」と位置づけられていた仏教の世界です。

でも、安土城には、まだその上に一層あります。

最上階である第七層に描かれていたのは、中国の聖者たちです。

でも、この中国の聖者たちがいるのはあくまでも襖や壁面です。七層の座敷中央に位置するのは、この城の主《あるじ》である信長に他なりません。

自分の足下に仏教の最高世界を置き、自分の周囲には中国の聖人を侍《はべ》らせた信長の頭上では天人たちが舞っています。

ここで思い出していただきたいのが、太田牛一がこの第七層の表現に用いた「影向」という言葉です。すでに述べたように、影向とは影向石のことで、神が人間界に出現した場所を示すものです。

それでは「信長＝神」になってしまうではないか、と思われたことでしょう。

そうです。それが正解なのです。

実際、信長は自らを「生きた神仏《しんぶつ》である」と言っていたとフロイスが書いていたではありませんか。

このように考えていくと、信長という神が出現し、正しい教えを実践されたからこそ、その祝福として、地下から多宝塔が現れたと見ることができます。つまり、最上階の「影向」と地下の「多宝塔」は互いに呼応しているのです。

今でこそ、こうした詳しい説明が必要ですが、おそらく信長の時代の人々は、これらの意匠を見れば、説明などなくてもそれが何を意味しているのか、瞬時に理解できたと思います。

◇信長の思いは「安土」という名に込められている

安土城は、信長が築こうとしていた権力の正統性と関係がある、ということを、私は十何年も前から言いつづけてきました。

実は近年、最初は多くの人にバカにされたこの説を裏付ける証拠が発見されたのです。

それは、安土城周辺の発掘調査によって見つかりました。

何が見つかったのかというと、天皇をお迎えするための御所と思われる建築物の遺構です。

その建築物の構造は、天皇が普段お住まいになる御所の中央部と非常によく似た間取りであることがわかっているのですが、安土城の脇にあるため、安土城の天守閣に信長が立つと、御所を見下ろすことができるようになっているのです。

まさに「上から目線」というわけです。

実際に天皇が安土城を訪れたという記録はありませんので、これは計画だけで本当に信長が天皇の御所を見下ろすことはありませんでした。

しかし、信長の後を継いだ秀吉が、実はこれと似たようなことをしているのです。

それが、秀吉が京につくった豪華絢爛な居城「聚楽第《じゅらくだい》」です。

秀吉はこの「楽しみをきわめる」というとんでもない名前の建物を、天皇が住まう京のど真ん中につくって、天皇を招いているのです。

私はこれは、もともと信長のアイデアだったのだと思っています。

要するに、信長は天皇を安土にお迎えして、その御所を自分の神殿の足下に置くことで、「俺は天皇よりも偉いんだ」ということを、示そうとしたのではないか、ということです。

天皇に対抗するという意味では、信長がこの地につけた「安土」という名前にもその思いを見ることができます。

実は、これは私が初めて言い出したことなのですが、「安土」という名は、どこから取ったのかというと、「平安楽土《へいあんらくど》」という言葉――平和なこの国の極楽という意味の言葉、から取ったのではないかと考えられるのです。

安土の琵琶湖を挟《はさ》んだ向かい側には天皇の住む都があります。都の正式名称は「平安京」です。平安京とは、平和の都という意味です。

つまり、信長は、天皇家が築いた「平安京」に対抗する形で、琵琶湖の対岸に、「平安楽土」を築いて見せたのです。

安土城跡

そして、そこでは楽市楽座《らくいちらくざ》など規制を撤廃する政治を行うことで、「俺の領土になったことで民はみんな喜んでるよ。平安京よりこちらの方がずっと素晴らしい都だぞ」ということを見せようとしたのでしょう。

実際、信長の領地に組み込まれると、物価が安くなり、治安が良くなり、税金もできるだけ民からは取らないようにしたので、人々はとても喜んだと言われています。

◇家康が東照大権現《とうしょうだいごんげん》になれたのは信長のおかげ

この時代日本に来ていたイエズス会の宣教師ルイス・フロイスは、信長は、自分を神として人々に礼拝させていたと記しています。

信長は摠見寺と称する寺院を建立した。これを深く崇敬する者が受けるであろう功徳と利益は以下の通りである。

第一に、富者がここへ来て拝めばますますその財を増やし、身分低く哀れな貧者が参詣すれば、この寺院を訪れた功徳によって富者となり、子や後継者を持たぬ者は家系を絶やさぬためただちに子孫および長寿を得、安寧を享受するであろう。

第二に、寿命は八十歳まで延び、病はたちまち癒え、己の願望、健康、および平安を得るであろう。

毎月、予の誕生日を祝祭日とし、当寺院の参詣日と定める。これを信ずるものは、かならず右に約束した通りとなり、信じぬ邪悪な者は現世にも、また来世にも滅亡の途を辿るであろう。

（『十六・七世紀イエズス会日本報告集』第Ⅲ期第6巻　同朋舎出版刊）

普通の研究者は、「いくら信長でもこんなバカなことをするわけがない。これはフロイスの信長に対する偏見であって、事実ではない」と言います。

でも私は、これは天才ならではのアイデアなので、事実だったと思っています。

ここで信長がしたのは、具体的に言うと、「一人の偉大な人間が、生前に自ら宣言することによって神になれる」ということです。

実は、**日本がキリスト教国と決定的に違うのは、「人間が神様になれる」ということなのです。**今でも日本では、その分野の天才的な人を「F1の神様」とか「麻雀の神様」というように「〇〇の神様」と表現します。

実際、神として神社に祭られている人もたくさんいます。学問の神様として有名な天神《てんじん》様は、菅原道真《すがわらのみちざね》という人でした。最近でも、明治天皇の崩御《ほうぎょ》に接し、殉職した乃木希典《のぎまれすけ》は神として乃木神社に祭られています。

ただし、人間が神になるには、一つ条件があります。

それは、自分で「神になります」と言ってはいけない、ということです。

ですから、神になった人というのは、死後、祟《たた》りなどをなして、人に畏《おそ》れられて神様になった人か、その偉業を称《たた》えられて、死後まわりの人々が神に祭り上げるというのがルールでした。

ところが信長は、偉大な業績をあげた人を人々が神様に祭り上げるのなら、自分がそれを言ってもいいじゃないか、と発想したようなのです。まさに天才ならではの発想です。

自分で「自分は凄い、こんな凄い自分は神だ」と言うのですから、普通の人にはできません。だからこそ、ほとんどの人は、このフロイスの記録を読んでも、「いくら信長でもこんなバカなことをするわけがない」と、信じることができないのです。

ところが、そういう人たちが気がついていないことがあります。

それは、この「自ら宣言して神になる」ということを実現させた人物がすでにいるということです。

それは誰かというと、徳川家康です。

徳川家康は死ぬ前に、「私が死んだら神として祀《まつ》りなさい」と遺言しているのです。

これは死ぬ間際に突然言い出したことではありません。その証拠に、彼は生前、自分の神としての名前「神号《しんごう》」を、朝廷からもらっていました。

それが日光東照宮の神の名前「東照大権現」です。

「東照」というのは東、つまり関東を照らすということです。「権現」は、臨時に人間のかたちをとってこの世に現れた神を意味する言葉です。

つまり、家康様はもともと人間ではなくて、神様がこの世に人間の体を以て現れた権現様なのだ、ということになります。そうなると、家康にはたくさんの子供がいますが、彼らは必然的に「神の子孫」ということになります。

これ、何かに似ていませんか？

そうです。天照大神《あまてらすおおみかみ》の子孫である天皇家とまったく同じ構図になるのです。

そこまでわかると、家康の神号「東照」の意味が見えてきます。

Point

信長は「身分の壁」を越えるため、最終的に「神」になろうとした!?

これは「トウショウ」と音読みするからわからないのであって、大和《やまと》言葉にあてはめて読めば、「あずまてらす」と読めることがわかります。

つまり、**皇室の祖神「あまてらす/天照」に対抗するものとしての「あずまてらす/東照」**だったのです。

これによって家康は、「これまでは天照大神の子孫である天皇家が日本を治めてきたが、これからは東照大権現という神様の子孫である徳川将軍家がこの世を治めるぞ」という、徳川将軍家の正統性の確立を行ったのです。

徳川家康が神になることに成功し、信長が失敗したのは、信長が早くに亡くなってしまったということもあるのですが、最大の理由は、信長がパイオニアだったからだと思います。

どんなことも、最初は上手《うま》くいかないものです。

信長は、安土城という巨大な神殿をつくって自らを神とし、いずれは天皇を招き、上から天皇を見下ろし、天皇を凌《しの》ぐ神に等しい権威と正統性を創出しようと考えていましたが、それを成功させることはできませんでした。

しかし、その路線を受け継いだ家康がそれを成功させました。確かに成功したのは家康ですが、彼が神になれたのは、最初にそのアイデアを唱え、道筋を考え出した信長がいたからに他なりません。つまり、家康が神になれたのは、信長という先駆者が道を切り開いてくれたおかげなのです。

第六章のまとめ

- 比叡山など当時の宗教団体は僧兵と呼ばれる兵士たちを擁していました。つまり、信長軍と戦う場合、これは正規の軍団同士の戦闘だということになります。
- 信長が日本から「宗教戦争」を一掃してくれたおかげで、日本で宗教戦争があったということを日本人が想像すらできなくなってしまったのです。
- 「天文法華の乱」は「応仁の乱」以上に京に被害を与えました。当時は宗教団体が、教義の対立をめぐって、互いに武力闘争をしていたということなのです。
- 「安土宗論」は信長の八百長では決してありません。公正な討論会であり、その判定も正当なものだったのです。
- 信長は安土城を戦争拠点としての「城」として建てたのではなく、「信長教の神殿」として建てたのではないかと思っています。
- 信長は、天皇家が築いた「平安京」に対抗する形で、琵琶湖の対岸に、「平安楽土」（「安土」）を築いて見せたのでしょう。

第七章

「本能寺の変」の謎

黒幕はいたのか、明智光秀の単独犯行か

◇信長は本当に光秀《みつひで》をいじめていたのか

天正《てんしょう》十年（一五八二）六月二日未明。

織田信長は、明智《あけち》光秀の謀反《むほん》によって、京の本能寺でその生涯を終えました。

享年四十九歳。

信長が好んだ幸若舞《こうわかまい》の『敦盛《あつもり》』の一節「人間五十年、下天《げてん》のうちを比ぶれば、夢幻《ゆめまぼろし》の如《ごと》くなり　一度生を享《う》け、滅せぬもののあるべきか　これを菩提《ぼだい》の種と思ひ定めざらんは、口惜しかりき次第ぞ」をまさに地でいくことになるとは、なんとも皮肉です。

平安時代の有名な歌人、在原業平《ありわらのなりひら》の歌に「ついに行く　道とはかねて　聞きしかどきのふけふとは　思はざりしを」という歌があります。「誰もがいつかは行く道だと聞いてはいたけれど、それがまさか昨日や今日という、さし迫ったことだとは思っていなかった」という意味ですが、織田信長も、本能寺で自分の命運が尽きたのを悟ったとき、まさにこうした思いだったのではないでしょうか。

当時、信長は満で四十八歳。今の感覚だと六十歳ぐらいですが、毎日馬に乗って体を鍛えていたので健康には自信を持っていました。

明智光秀（本徳寺蔵）

「信長の神殿」安土城も完成し、天守閣からは天下を見下ろすような絶景が広がっています。この年の三月には年来の大敵・武田も滅ぼしました。

尾張《おわり》一国の田舎《いなか》大名から始まった信長の天下取りも、東で残っているのは北条《ほうじょう》と伊達《だて》ぐらい、西は中国の毛利《もうり》が残っていましたが、それはすでに羽柴秀吉が頑張っているので時間の問題です。毛利を倒したら、四国の長宗我部《ちょうそかべ》と九州の島津《しまづ》を攻めれば、天下は彼のものになります。おそらく信長は、「まだ少し時間はかかるかも知れないが、もう山は越えた」と思ったのでしょう。

天正十年五月に、長年の労をねぎらうために、信長は家康を安土に招きました。そのとき武田滅亡の功労者、勝頼《かつより》を裏切った穴山梅雪《あなやまばいせつ》も同行しています。

この宴席の接待係りを務めたのが明智光秀でした。

光秀はなぜ信長に反旗を翻《ひるがえ》したのかというとき、まことしやかに語り継《つ》がれているのが、「信長の光秀いじめ」です。しかも、そのいじめは一つや二つではありません。聞いていると、なぜ信長はそこまで光秀をいじめたのか、と思ってしまうほど、いろいろな話が伝わっています。

たとえば、丹波福知山《たんばふくちやま》城がまだ波多野《はたの》氏のものであったときに、彼らを降伏させるために光秀は波多野の人々の身の安全を保証し、その証拠として自分の母親を人質に差し出しました。ところが、それを信じて降伏してきた波多野家の人々を信長が皆殺しにしてしまったため、光秀の母は、怒った福知山城の兵によって、無残にも光秀の目の前で処刑されてしまったとか。

武田を滅ぼしたとき、戦勝報告が行われた寺院で、光秀が「我らが骨を折った甲斐《かい》があった」と言ったのを信長が聞きとがめ、「お前がどれほど骨を折ったというか」と怒り、本堂の欄干に光秀の額を打ち付けたとか。

中でもよく言われるのが、家康の接待に失敗して信長に酷《ひど》く怒られたという話です。光秀は、荒くれ者揃《ぞろ》いの織田軍の中では珍しく教養の高い人物でした。漢詩も詠《よ》めるし和歌も詠める。ならば、料理にも詳しく接待もそつなくこなすだろうと思って抜擢したのに、結果は大失敗。激怒した信長に激しく叱責され、饗応《きょうおう》役を解任されたあげく、秀吉の援軍として中国路へ行くことを命じられた、という話です。

皆さんもテレビドラマで見たり、何度も聞いた話だと思いますが、実はこれらの話は後世の作り話である可能性が高いのです。

では、**なぜこのような話がまことしやかに語られてきたのかというと、光秀が反乱を起こす理由がよくわからないからなのです。**

光秀はもともと浪人でした。秀吉がアルバイトなら、光秀はフリーターです。信長は失業者だった光秀に目をかけ、仕事を与え、その結果、常務クラスにまでしてくれたようなものです。そんな信長に大恩のある光秀が、感謝こそすれ、反乱なんか起こすわけがないのです。みんなそう思っていたからこそ、それでもやったということは、何かよほどのことがあったのだろう。おそらく、耐えがたいいじめをうけたに違いない。ということで、作り話がどんどん大きくなるとともに、信じられてしまったのだと思います。

そうしないと、光秀が信長を討った説明がつかないからです。

◇明智光秀は遊軍の将となっていた

信長が家康たちを安土でもてなしていたとき、確かに秀吉は備中国《びっちゅうのくに》の高松《たかまつ》城を攻めていました。そして、その頃、信長のもとに秀吉から応援要請が来て、光秀が信長に秀吉の応援に行くよう命じられたのも事実です。

このとき秀吉が攻めていた高松城は、周囲を低湿地帯に囲まれた天然の要害でした。そのため当初、秀吉が正攻法で攻めあぐねたことは事実です。

しかし、その後秀吉は正攻法をやめ、水攻めに切り替えています。

秀吉は周囲の川をせき止め、城の周りを水で満たし孤立させたのです。「水攻め」と言いますが、これは一種の兵糧攻めです。

秀吉が信長に「攻めあぐねているので、どうかご出馬ください」と要請したのは、実は、ここまで来たら高松城が落ちるのは時間の問題、という状態になってからなのです。

このとき秀吉は、高松城が落ちれば、その先の広島はもう毛利の本拠地なので、毛利を攻め落とすことは充分できると見ていました。しかし、自分一人で大きな手柄を立てすぎるのは良くないと考えて、あえて信長に出陣を要請したのだと思います。

もちろん、そのことは信長も承知の上で秀吉の要請に応じました。

出馬を決めた信長は、とりあえず先触《さきぶ》れとして光秀に「羽柴秀吉の応援に向かえ」と出動を命じます。この、秀吉の援軍として高松城に向かうはずだった兵一万七〇〇〇を使って、光秀は本能寺の信長を討ったのです。

さて、ここでまず知っておいていただきたいのが、このとき明智光秀が織田軍の中でどのような立場にあったのか、ということです。

信長の支配地域の中で、関東はすでに滝川一益《たきがわかずます》という非常に優秀な部将が任されていました。北陸は古参《こさん》の柴田勝家《しばたかついえ》が押さえ、近畿・東海は、信長の本拠地です。

中国地方はまだ信長に従っていませんでしたが、すでに羽柴秀吉が毛利攻めを行っています。

では、光秀の領地はどこなのかというと、京にも安土にも近い丹波国（現在の京都府亀岡市を中心とする地域）でした。

これが何を意味するかというと、**光秀は信長の近くにいて、誰かの軍が援軍を必要としたとき、すぐに加勢に向かわせるような存在だった、つまり遊軍の将だったということです。**

だからこそ、このときも光秀は秀吉の援軍を命じられたのです。

◇関所があれば信長は死なずに済んだ⁉

安土城を出た信長は、まっすぐ高松には向かわず、一旦京に寄っています。

よく、信長はなぜ少人数で本能寺に泊まっていたのか、と言われますが、なぜ信長がこのとき京に行ったのか実はよくわからないのです。

ただ、このとき信長は長男・織田信忠《のぶただ》の軍三〇〇〇人を引き連れて京に入っているので、決して少人数というわけではなかったのです。光秀の軍が一万七〇〇〇人だったのでやられてしまいましたが、三〇〇〇人というのは、護衛の人数としては決して少ない数ではありません。ですから、信長は油断していたと言う人もいますが、そういう意味では信長は決して油断していたというわけではないのです。

ですから、京で無防備に宿泊したというのは間違いですが、宿舎にした本能寺自体には家来が一〇〇人ぐらいしかいなかったので、まさか自分が京で襲われるとは思っていなかったことも事実でしょう。

本能寺はあくまでもお寺であって城ではありません。そのため家来たちは周りの民家に分宿していました。跡継ぎである長男・織田信忠は、妙覚寺《みようかくじ》というところに泊まっていました。信忠は信長と違って側近だけではなく、兵士も一緒です。

近くに信忠が兵三〇〇〇と一緒にいる。だからこそ信長は、自分の身は絶対安全だと思っていたのだと思います。

ところが、出撃を命じた明智軍団が、「老ノ坂」というところで、立ち止まります。まっすぐ行けば中国路、南に下れば本能寺。光秀が兵たちに「敵は本能寺にあり」と言う、昔の講談などでは有名な場面です。

このとき、信長が良かれと思ってしてきたことが、禍《わざわい》となって戻ってきます。

それは何かというと「関所の撤廃」です。

信長は経済を活性化させるために、各地にあった関所を撤廃しています。

室町時代に、守銭奴・日野富子《ひのとみこ》が始めたことがきっかけで、各地の有力者が勝手に関所

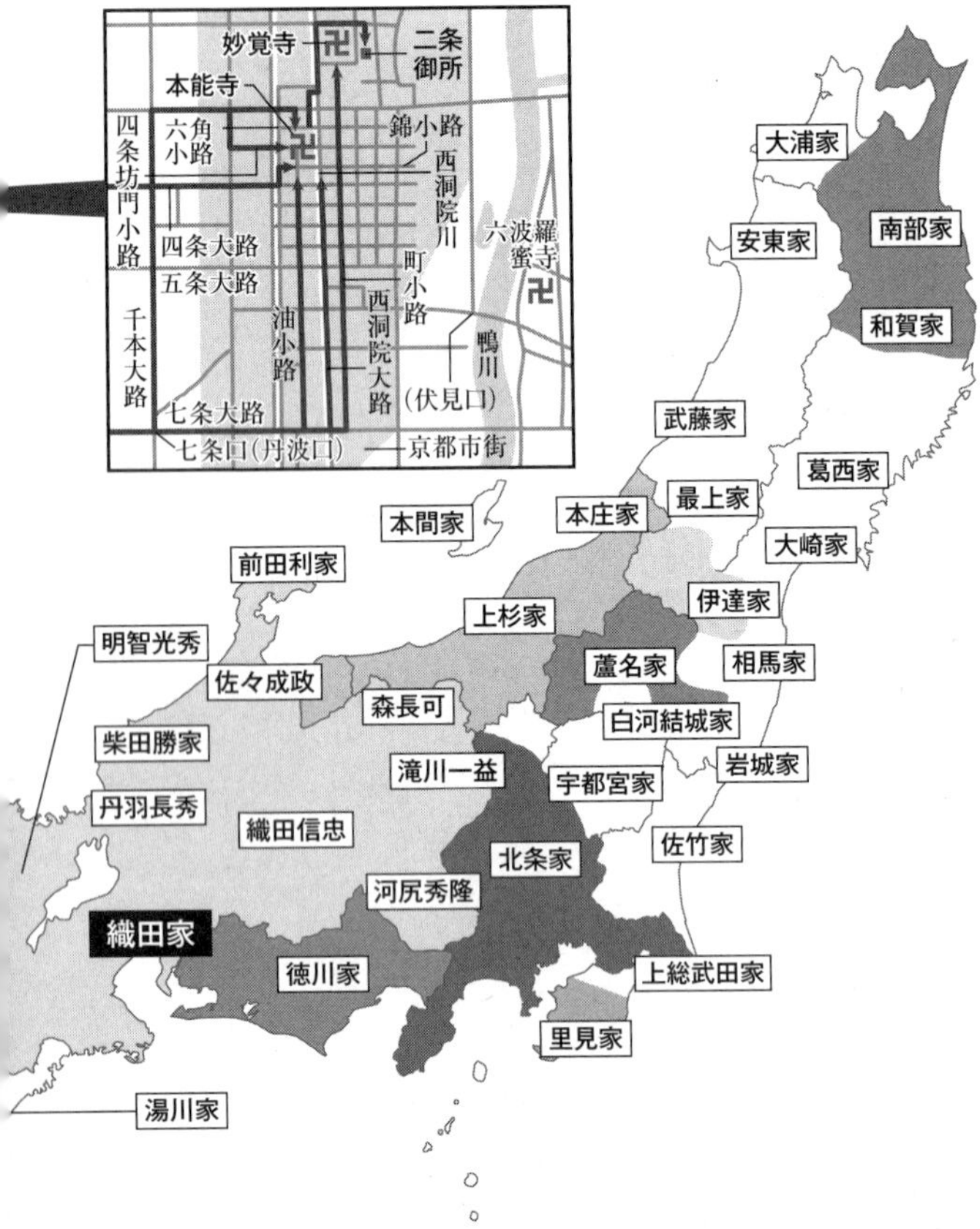
妙覚寺
二条御所
本能寺
六角小路
錦小路
西洞院川
四条坊門小路
四条大路
五条大路
六波羅蜜寺
町小路
西洞院大路
油小路
千本大路
鴨川
(伏見口)
七条大路
七条口(丹波口)
京都市街
大浦家
南部家
安東家
和賀家
武藤家
葛西家
最上家
本庄家
本間家
大崎家
前田利家
伊達家
上杉家
明智光秀
相馬家
蘆名家
佐々成政
森長可
白河結城家
柴田勝家
岩城家
滝川一益
宇都宮家
丹羽長秀
織田信忠
佐竹家
北条家
河尻秀隆
織田家
上総武田家
徳川家
里見家
湯川家

●1582年頃の勢力図

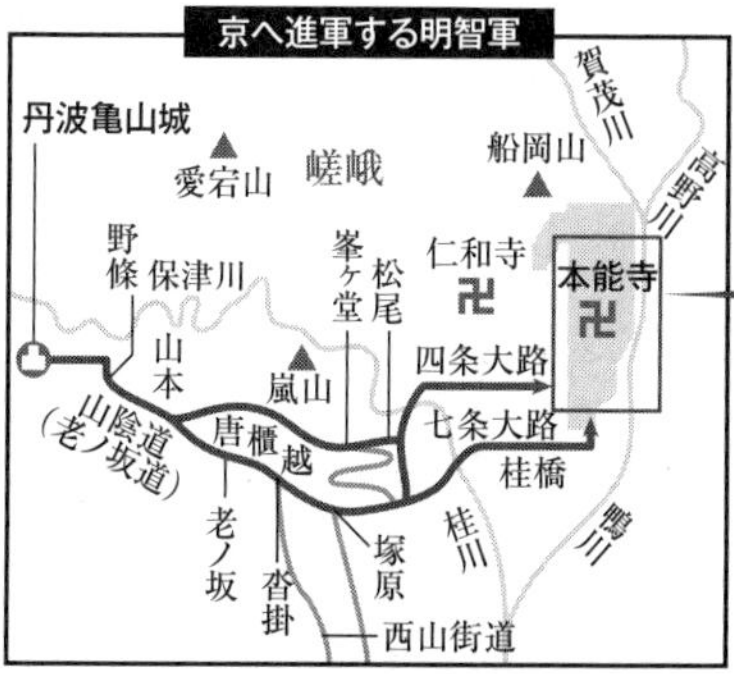
京へ進軍する明智軍
丹波亀山城
愛宕山
嵯峨
船岡山
賀茂川
高野川
野條
保津川
峯ヶ堂
松尾
仁和寺
本能寺
山本
嵐山
四条大路
山陰道(老ノ坂道)
唐櫃越
七条大路
桂橋
老ノ坂
沓掛
塚原
桂川
鴨川
西山街道

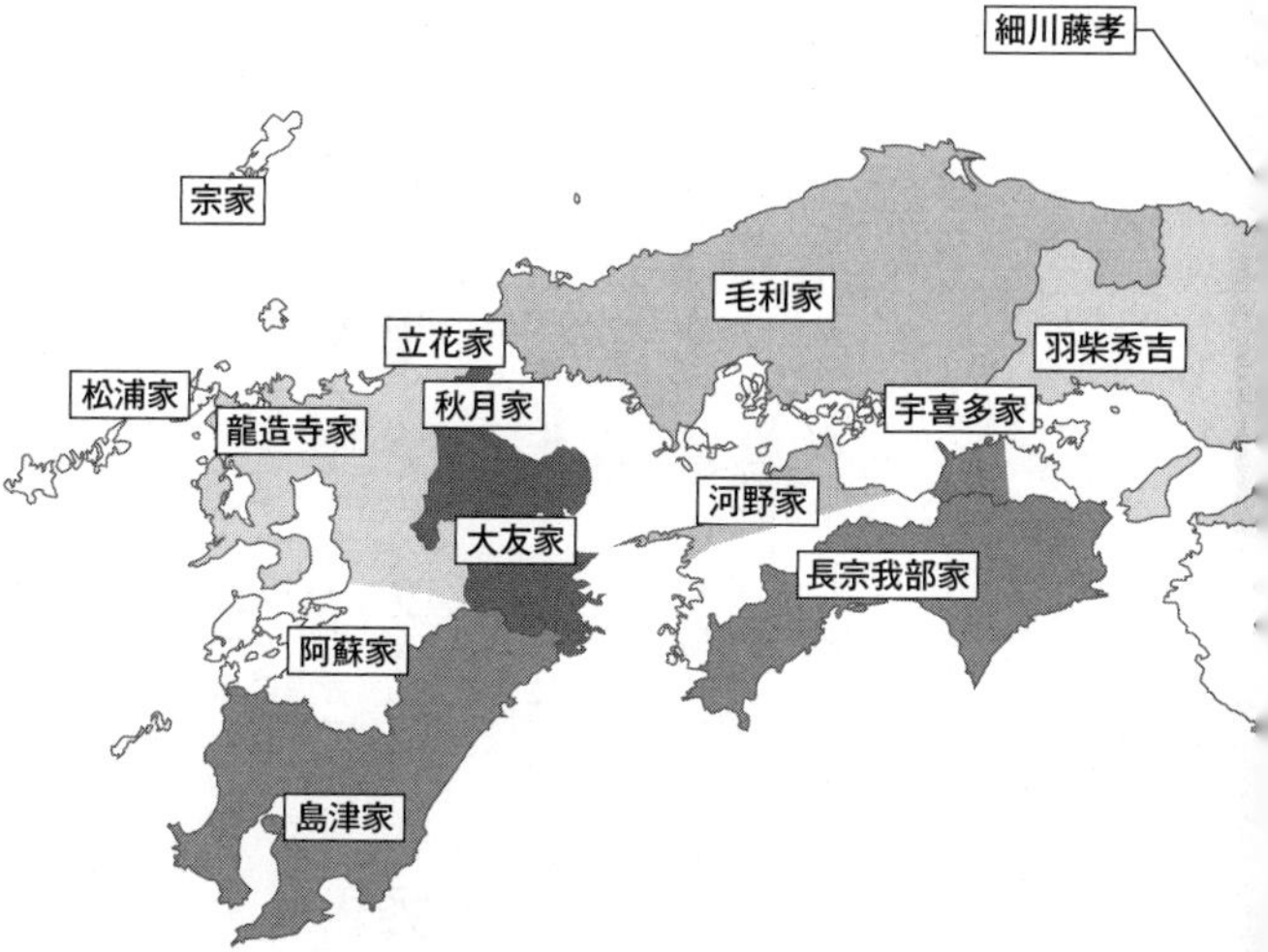
細川藤孝
宗家
毛利家
立花家
松浦家
秋月家
龍造寺家
宇喜多家
羽柴秀吉
河野家
大友家
長宗我部家
阿蘇家
島津家

を作り関銭《せきせん》を取っていたことが、物資や人の流通を妨げていたからです。

事実、信長が領内の関所を撤廃すると、楽市楽座《らくいちらくざ》といった政策とも連動し、領内の経済は加速度的に良くなっていきました。

これはとても立派な政策です。しかし、いいことばかりではなかったのです。

なぜなら、**関所というのは、今で言う「出入国管理事務所」でもあったからです。つまり、それを一気に撤廃してしまった結果、怪しいやつが通過するのを防ぐことができなくなってしまったのです。**

もしも、信長が主要な関所だけでも残していたら、明智軍が京に入る前に、その動きを察知できたはずです。そうすれば、信長も無防備な本能寺を出て、安全な場所に移動していたことでしょう。しかし、信長は関所を撤廃した結果が、こうした危険につながることを想定していなかったのだと思います。

もし関所があれば、本能寺の変は防ぐことができたかも知れない。本能寺の変の後、このことに気づいた人物がいました。

それは徳川家康です。

家康は自分が天下人となったとき、関所を復活させているのです。しかも、このときの関所は信長から学んだ「いいとこ取り」の関所でした。どういうことかというと、関銭は一切取らず、出入国管理事務所としての機能を強化したのです。

◇光秀は征夷大将軍になっていた⁉

本能寺の変の実行犯が明智光秀であることは間違いありません。
しかし、なぜ明智光秀が突如として信長を討ったのか、というと、はっきりしていません。

本能寺の変の原因は何か。

これについては昔からいろいろな説が言われています。

原因を考えるには、まず犯人を割り出さなければいけませんが、これも黒幕説があり、真犯人となると、いろいろな説があります。

黒幕の可能性のある人物を単に偉い順に挙げると、まず天皇黒幕説、次に将軍・足利義昭《あしかがよしあき》黒幕説、そして、ミステリーの原則、つまり、その殺人によって誰がいちばん得したかということから犯人を考えた羽柴秀吉黒幕説などがあります。

いや、黒幕などいない、あれは明智光秀の単独犯だ、と言う人ももちろんいます。

私はかつては、天皇黒幕説を主張していました。

信長という男は天皇をないがしろにし、新たな権威を創出しようとしています。ところが明智光秀は、比叡山焼き討ちに反対したことからもわかるように、保守主義者です。そこで身の危険を感じていた天皇が光秀に内々に「信長を討て」と勅《ちょく》を下したのではないか。勅命《ちょくめい》ともなれば、光秀は何があっても遂行しようと考えるだろう……、と思ったのです。

私が天皇黒幕説に可能性を強く感じたのは、明智光秀が信長を倒した後に、朝廷に五〇〇枚もの銀子《ぎんす》を献上していたという事実に注目してのことです。

これを「これからもよろしく」ということだったのではないか、と思ったのです。

なぜなら、明智光秀は源氏なのです。武田も足利も新田《にった》も、みな苗字は違いますが姓は源氏です。明智は美濃《みの》源氏の名門、「土岐《とき》源氏」なのです。

日本には、「将軍は源氏でなければならない」という不文律があります。これはおそらく、最初に幕府を開いた源頼朝が「源氏」であったことに起因しているのだと思います。

ちなみに信長は「平氏」だと言っているので、将軍になる資格はない、ということになります。

このことから、信長を倒した光秀が朝廷に高額な銀子を献上したのは、将軍にしてもらったお礼なのではないか、と思ったのです。

実は、これには先例があるのです。

平安末期、平家を最初に都から追い払ったのは、源頼朝の命を受けた義経だと思っている人が多いのですが、最初に平家に勝ったのは、義経ではなく木曾義仲《きそよしなか》でした。この人も、「木曾」という苗字で呼ばれていますが、姓は源氏です。

最終的に頼朝が勝ったので、頼朝を「源頼朝」、義仲を「木曾義仲」と今は呼んでいますが、もしも義仲が勝っていたら、頼朝は「伊豆《いず》頼朝」と呼ばれていたかも知れないのです。歴史とはそういうものなのです。

この木曾義仲について、『平家物語』は、平家を追い払った後「朝日将軍」になったと書いてあるのです。「朝日将軍」という称号が登場するのは、後にも先にもなく、義仲ただ一人です。

そのため、いろいろ言われてきましたが、今最も有力な説は、征夷大将軍に一度なったのだろうというものです。つまり、木曾義仲が平家を追っ払い、一時的に都を制圧したとき、朝廷が一時的に彼を天下の支配者と認めて征夷大将軍に任命した、ということです。このとき頼朝はまだ京に来ていません。しかも、義仲は源氏ですから将軍になる資格がありました。

ところが、その後、義仲は没落し、頼朝の天下になってしまったので、『平家物語』としては義仲が頼朝の前に征夷大将軍になっていたとは書きにくいわけです。そこで、「朝日将軍」という架空の称号をつけたのではないか、ということです。

明智光秀の天下は、よく「三日天下」と言われますが、実際には二週間ほどありました。その間、光秀は信長軍の生き残りと戦ったり、各地の大名に自分を支持してくれるように手紙を書いたり、忙しく過ごしています。こういうときは、お金はいくらあっても足りないはずなのですが、光秀はその忙しい最中に、五〇〇枚もの銀子をわざわざ朝廷に献上しているのです。

なぜそんなことをしているのでしょう。

ただ単に、朝廷の機嫌をとるためだという可能性もないわけではありませんが、すでに光秀は京を制圧しているのですから、やはりこれは、征夷大将軍にしてもらったお礼であって、その記録が抹殺されたのは、木曾義仲と同じように、短期間で没落してしまったからだと考えた方が納得できます。

というのも、この時代の基本的な記録は公家《くげ》の日記なのですが、光秀と交流があった公家の日記は、昔からこの前後のページが失われているからです。おそらく、天下人が替わった時点で、光秀が征夷大将軍になっていたということを歴史から抹殺したい誰かが切り取ったのでしょう。あるいは、その日記を書いた公家自身が、自分が光秀と親密な関係にあったという事実を隠すために切り取った可能性もあります。

いずれにしろ、そこの部分が失われてしまっているということは、逆にそこに光秀が将軍になっていたという事実が書かれていた可能性が高いと言えると思います。

◇黒幕説の検証――天皇か将軍か、それとも……

身の危険を感じた天皇の密勅《みっちょく》を受けた光秀が、本能寺で信長を討ち、「よくやった」ということで征夷大将軍に任命されたけれど、すぐに秀吉に討ち取られてしまったので、この事実が歴史から抹消されてしまった、とかつての私は考えていました。

しかし、今思い直してみると、天皇が身の危険を感じたというのは、少し早すぎるのではないか、と思うようになりました。

というのは、当時はまだ信長の天下が完全には固まっていなかったからです。

武田を滅ぼし、天下取りの峠は越したと言えるものの、まだ、東には北条も伊達もいます。毛利もまだ交戦中だし、四国の長宗我部と九州の島津に至ってはこれからです。

そんな状況で、信長が天皇を殺すはずがありません。

命の危険がないのに、天皇に信長を殺す必要があったでしょうか？

もちろん、信長が新しい権威を創出しようとしていたことは事実なので、そこに朝廷が危機感を感じていたことはあるでしょう。

しかし、信長が天皇家の事実上の消去を考えていたとしても、その実行はもっとずっと後のことだったはずです。少なくとも本能寺の変の時点ではあり得ません。

この時点では、あったとしても、それは安土城に天皇を呼んで、上から見下ろすという程度のものでしょう。これは、天皇家を滅ぼすということとは次元がまったく違います。

それに、当時の天皇家は、建武《けんむ》の新政《しんせい》が途中にあったものの、基本的には鎌倉、室町、戦国と長期間にわたってすでに権力は失っています。

そんな天皇家に、今さら信長討伐の密勅を出す必然性があったとは思えません。

天皇が黒幕ではないとなると、次に考えられるのは将軍・足利義昭黒幕説です。

この時点で、足利義昭は中央から追放されて九年の歳月が過ぎていました。その間諸国を流浪した義昭は、このとき信長と対立していた毛利の保護を受けていました。

歴史の教科書では義昭が中央を追われた時点で室町幕府は滅亡したとされていますが、当時においては、義昭はまだ将軍だと認識されていました。

義昭黒幕説は、その将軍である義昭が、かつての部下であった明智光秀に対して「信長を討て」と命じたのではないか、とする説です。

しかし、私はこの説も、無理があると思っています。

実は、黒幕が天皇であったにせよ、将軍であったにせよ、共通する矛盾があるのです。

それは、光秀が誰にもそのことを告げていないということです。

先ほども少し触れましたが、光秀は信長を討った後、各地の大名に手紙を書いています。その中の一つ、細川幽斎《ゆうさい》に宛てた手紙が現存しているのですが、そこには天皇についても将軍についても、何も書かれていないのです。

実は、丹後《たんご》宮津《みやづ》十一万石の大名である細川幽斎と光秀は古くからの親友でした。しかも、幽斎の息子の細川忠興《ただおき》は光秀の娘「玉（細川ガラシャとして知られる）」を正妻に迎えていました。

そんな深い関係にある幽斎に宛てた手紙なのに、天皇のことも、将軍のことも、書いてないのです。

もしも、本能寺の変の陰に「天皇の密勅」あるいは「将軍の命」があったのであれば、

Point

光秀は約二週間「天下人」であり、実は征夷大将軍にもなっていた!?

この時点で明らかにしているはずです。なぜなら、すでに信長は討ち取っているのですから、もう秘密にする必要はなく、むしろそのことをオープンにした方が、自分の大義《たいぎ》が立つからです。ましてや手紙の相手は親友です。他の大名には打ち明けなくても、彼にだけは黒幕がいたなら打ち明けてもいいはずなのです。

実際、光秀のこのときの手紙では、必死に自分に味方するように訴えたものの、親友の幽斎さえ、味方につけられずに終わっています。

このことから、本能寺の変には、天皇も将軍も関与していなかったと見るべきだと思います。

◇秀吉黒幕説の検証――カギを握るのは「織田信忠」

では、秀吉黒幕説はどうでしょう。

たしかにミステリーの大原則「誰がいちばん得したか」ということから言えば、犯人は間違いなく秀吉ということになります。なぜなら、本能寺の変がなければ秀吉が天下を取ることはまずあり得なかったと考えられるからです。

本能寺の変で最も得をしたのが秀吉であることは間違いありません。

しかし、結論を先に言うと、これも違うと私は思っています。その最大の理由は、本能寺の変のときの信忠に対する対処です。

本能寺の変のとき、明智軍一万七〇〇〇は電光石火のごとく動いて本能寺をびっしりと包囲し、寝込みの信長を襲っています。そして、信長を討つということに関しては、完璧に目的を遂行しています。

だからこそ信長も、こんなにびしっと囲まれてしまったらもう逃げることは不可能だということで、『信長公記《しんちょうこうき》』の言葉を借りるなら、「是非に及ばず」と、自害して果てたのです。

ところが、こうして明智軍が信長を襲っていたとき、近くの妙覚寺というお寺に兵三〇〇〇と共にいた信忠はどのような目に遭《あ》っていたのかというと、実は、何もされていないのです。信忠は明智軍の本能寺襲撃の一報を聞き、急いで二条御所《ごしょ》（二条城）に移っているのですが、このときも追撃も何もされていません。

ということは、妙覚寺は包囲されていなかったどころか、明智軍からまったく無視されていた、ということなのです。

ですから私は、このときの信忠の対処は大失敗だったと思っています。彼は御所に移る余裕があったのであれば、もっと別のところに行くべきだったのです。

たとえば安土城へ行くとか、あるいは、ちょうどこの日、大坂には信長の大軍団が駐屯していたので、大坂へ行けば良かったのです。京から大坂へは馬を飛ばせば二時間もかからず行きつけます。

しかし、信忠は二条御所から動きませんでした。

おそらく、父親を残して自分だけ逃げるようなことはできない、と思ったのでしょう。

しかし、相手は一万七〇〇〇、それに対してこちらは三〇〇〇しかいないのです。信長を救い出すことができないのはもちろん、城でもない場所に籠《こ》もったところで勝てる見込みはないのです。

ならば、籠もってむざむざ殺されるより、とっとと逃げるべきだったのです。

このとき信忠がするべきことは、もう父親は助けられないとあきらめ、一刻も早く安土なり大坂なり、身の安全を図れる場所に移ることだったのです。

もし信忠がそれをしていれば、織田家の支配が揺らぐことはなかったはずです。なぜなら、すでに信長は家督《かとく》を信忠に譲っており、信忠が織田家の跡取りであることは、家中《かちゅう》の全員が認めていたからです。

本能寺の変の後、秀吉が天下を取れたのは、信長の次男・信雄《のぶかつ》と三男・信孝《のぶたか》の間で、跡《あと》目《め》争いが起きたからです。家中が真っ二つに割れ争っていたとき、秀吉は信忠の遺児、まだ幼い三法師《さんぼうし》を擁《よう》して、「三法師さまこそ信長さまの直系の跡取りである」として皆を納得させ主導権を握り、いつのまにか天下を乗っ取ってしまったのです。

つまり、**秀吉が天下を取ることができたのは、たまたま信忠が京都にとどまりむざむざと殺されてくれたおかげだということです。**

もしも、本当に秀吉が黒幕なら、もっと確実に信忠を葬《ほうむ》る算段をつけていなければなりません。つまり、明智軍全軍に本能寺を襲わせるのではなく、軍を二手に分けて、本能寺の信長と、妙覚寺の信忠と、同時に襲撃させなければならないということです。

それをしていなかったということは、やはり当初の目的は信長を殺すことだけで、天下を取ることは目的ではなかったという可能性が高いということになります。

明智軍は、信忠に対しては何の手配りもしていません。本能寺の変で信忠が討たれたのは、信忠の判断ミスなのです。

ですから、ミステリーの大原則ではあるのですが、秀吉黒幕説も現実には成立しないのです。

◇光秀単独犯説の検証――光秀と長宗我部の知られざる関係

となると、本能寺の変は、やはり光秀の単独犯行ということになります。実際、現在の私は、誰が本能寺の変の真犯人なのですか？　と聞かれたときは、「光秀の単独犯行説をとります」と答えています。

これは、黒幕がいないから単独犯だろうという消去法だけが理由ではありません。きちんとした理由があります。

それは「日付」です。

光秀が信長を討ったのは、天正十年六月二日の未明です。

この六月二日という日は、実は大坂に集結していた信長の大軍が、ある場所に向けて出陣する予定日だったのです。

その大軍というのは、先ほど信忠のところで触れた大坂に駐屯していた信長の大軍団のことです。この大軍団の行き先は信長が行こうとしていた中国路ではありません。実はこれは、信長の三男・信孝を総大将とする「四国征伐」のための軍だったのです。

つまり、六月二日は信長の四国討伐軍が、大坂から四国へ向けて船出する予定の日だったのです。

当時、四国を治めていたのは長宗我部元親《もとちか》。

実はこの長宗我部元親と信長は、最初とても仲が良かったのです。それはまだ、元親が四国の中の土佐《とさ》一国の領主で、信長も尾張と美濃に加え、近江《おうみ》を押さえてやっと三国の領主になった頃のことです。

両者がいかに親密な関係にあったのかということは、元親の子供の名が「信親」であることからもわかります。信親の「信」は信長の名前から一字を取ったものです。

名前の一字をもらうというのは、当時はよくあることでしたが、目上の人の名前の下の一字をもらって、上の一字につけるというのが基本です。信長から上の字である「信」をもらい、「信親」と付けるというのは、元親と信長の立場が対等のものであったことを示しているのです。

二人はそれぞれ力を付けていき、信長は天下まで後一歩というところに迫り、元親は四国全土を手にするまでになります。

ここにきて信長は、四国に統一勢力があるのは天下統一の妨げになるということから、元親に四国の半分をよこせと迫ります。しかし、もともと対等の関係にあった元親です。なぜ苦労して手に入れた領土をお前に渡さなければならないのだ、と怒ります。

これによって両者の関係は決裂。信長は長宗我部を討つことを決めたのです。そのための軍の出発予定日が六月二日だったのです。

四国討伐と光秀の謀反に何の関係があるのかというと、実はこれが大ありなのです。

信長が、まだ元親と仲が良かった頃、信長は自分の家臣である斎藤利三《としみつ》の妹（異父妹）を、長宗我部元親のもとに嫁がせていたのです。信長から一字をもらった元親の嫡男《ちゃくなん》・信親の母親は、この斎藤利三の妹です。

ところがその後、長宗我部が思いの他、大きくなりすぎ、信長に従わなくなってきたことで、信長は方針を転換し、長宗我部を討つことを決意します。

このとき、斎藤利三はどこにいたかというと、明智光秀の筆頭家老になっていました。その縁もあって、長宗我部との交渉は光秀が担当していました。

そのためこの信長の方針転換は、真面目な光秀にとって、辛《つら》いものでした。自分と直接血はつながっていないとはいえ、自分の家老の妹が嫁に行っているのです。

しかし、光秀以上に辛かったのは斎藤利三です。信長に言われたから妹を嫁がせたのに、今になって長宗我部を討つなんて約束が違うと憤《いきどお》ったことは想像に難くありません。

だいたい殿様が反乱を起こそうとしたとき、「殿、ご乱心」とか「殿、おやめくだされ」と言って思いとどまらせるのは、どこでも家老と相場が決まっています。でも、明智

長宗我部元親（秦神社蔵／高知県立歴史民俗資料館画像提供）

の場合、殿以上に家老の斎藤利三が信長を恨《うら》んでいた可能性があるのです。もしそうであれば、光秀が謀反を決意したとき、それを諌《いさ》める人間はいません。

それどころか、信長への不満はあるものの、恩義があり謀反をためらっていた光秀を、斎藤利三が「今こそ好機です。今しかありません、ご決断を」と、たきつけた可能性もあるのです。

◇主犯は斎藤利三か

先ほど、長宗我部元親が四国を統一していたと言いましたが、正確に言うと、まだ少し元親のものになっていない土地がありました。それは、阿波国《あわのくに》です。

阿波国というのは今の徳島県にあたります。ここは昔からの大大名である三好《みよし》氏の土地で、この時点でもまだ長宗我部に屈せず、抵抗を続けていました。

実は老練な信長は、長宗我部とよしみを通じていた一方で、この三好とも密《ひそ》かに友好関係をつないでいました。その役目を担っていたのが、実は秀吉だったのです。秀吉は、のちに甥《おい》っ子を三好の養子に出したりもしています。

おそらく信長としてみれば、別に長宗我部と特に親しくしていたつもりはなかったのだと思います。自分の勢力を伸ばすために、とりあえずはお互い同盟を結んでおいた方がいいと思っていただけなのでしょう。

そもそも、最初のうち信長が長宗我部と親密にしていたのは、敵対する三好を潰《つぶ》すために長宗我部の力が必要だと思ったからだとされています。

ところが**長宗我部が思いの他、大きくなりすぎたので、今度は三好を利用して長宗我部を潰すことにした、**ということなのです。

とはいえ、それに振り回される家臣はたまりません。

明智光秀にしてみれば、長宗我部との友好関係を築くためにずっと努力してきたのです。それを、いくら主君・信長が「もういい、縁を切れ」と言ったからといって、すぐに掌《てのひら》を返すようなことはできなかったのでしょう。その上、光秀に、三好と通じている秀吉に加勢しろと言うのです。

そんなとき、信長が無防備にも僅《わず》かの供《とも》しかつれず、京の本能寺に泊まると知ります。

自分のところには、今一万七〇〇〇もの兵がいる。これを使えば、信長さまとはいえ、討ち取ることができる……。

そう思ったとしても不思議ではありません。

そして、「俺はこの際、信長さまを討とうと思うのだが、おまえはどう思う?」と家老に言ったとき、斎藤利三は決して反対しなかったはずです。むしろ「是非おやりください」と言った可能性が高いと私は思います。

実際、当時の史料『言継卿記《ときつぐきょうき》』には次のように記されています。

日向守斎藤内蔵助、今度謀叛随一也

これは、「日向守《ひゅうがのかみ》（光秀）の家臣である斎藤内蔵助《くらのすけ》（斎藤利三）こそ、この度の謀叛（本能寺の変）の主犯である」ということです。

これだけではありません。実は斎藤利三の処刑を見た公家の一人が、やはり日記に「謀反随一、斎藤利三処刑さる」と書いているのです。謀反随一というのは、「本能寺の変における一番悪いやつ」ということです。

ですから、確かに最終的な決断を下したのは光秀なので、光秀が主犯なのですが、光秀をその決断に追い込んだのは、この四国長宗我部問題であり、家老の斎藤利三が深く関わっていたというのが真実に最も近いのではないかと思っています。

◇徳川家康と本能寺の変——なぜ「家光」と名付けたのか

現在私は、この四国・斎藤利三説が最も有力だと思っていますが、ほかにも面白い説があるので、少し触れておきましょう。

この章の冒頭で、信長がなぜ京に入ったのか理由がわかっていない、と言っていたのを思い出してください。

実はこのとき、跡継ぎである信忠が一緒だったということが、ポイントなのです。信長に何か用事があっただけなら、自分の兵を連れてくれれば済む話です。それなのに、わざわざ信忠に兵を率いさせて連れてきたということは、理由があるはずです。

一つには、信忠が織田家の跡継ぎであるということを、天皇家に認めさせるつもりでいたのではないか、という説があります。

さらにもう一つ、興味深い説があります。

それは、このとき京にいた、もう一人の重要人物が関係しています。

その人物もまた、信長同様、僅かな供しか連れていませんでした。その人物とは、信長に接待されていた徳川家康です。

信長という人は、目的のためにはどこまでも非情になれる人です。

もう一つの説というのは、信長による家康の暗殺計画があったのではないか、というものです。

武田を滅ぼした今、もう家康の利用価値はなくなった、ということで、接待すると言って呼び出しておいて、家康を殺すつもりではなかったか、というのです。そして、本能寺の変は、そのことを知っていた斎藤利三が、家康を助けるためもあって、信長暗殺に踏み切ったのではないかというのです。

なぜこういう説が出てくるかというと、斎藤利三の娘・斎藤福《ふく》が、後の春日局《かすがのつぼね》だからです。

斎藤利三は、信長を殺した謀反人です。

当時、謀反人の娘はまともなところでは雇ってもらえないのが常識でした。万が一、雇ってもらえたとしても、身分の低い下働き止まりです。

ところが、斎藤利三の娘は、徳川政権において、将軍家跡取りの乳母という非常に重要なポストに就《つ》いています。しかも、この春日局を家康はとても優遇しているのです。

そのため、表向きは三代将軍・家光の乳母ということになっていますが、実は家康の愛人で、家光は家康と春日局の間に生まれた子供なのではないか、という説もあるのです。

そんなバカな、と思うかも知れませんが、実はこれ、まったく無いとも言い切れない話なのです。

なぜなら、家康というのは有名な後家さん好きで、これまでにも何人もの後家さんを、しかもすでに子供を出産した経験を持つ女性を相手にしているからです。

春日局も、家光の乳母になる前に、稲葉正成の後添《のちぞ》いとなり、子供も数人産んでいます。ですから、このようなことを言うと、女性読者の顰蹙《ひんしゅく》を買うかも知れませんが、春日局という人は、家康の好みのタイプではあるのです。

この噂《うわさ》は、二代将軍・秀忠の妻・江《ごう》が、次男・家光ではなく、三男の忠長《ただなが》を偏愛し、忠長を跡継ぎにしようとしていたことと絡《から》まり、さらに信憑性を増していったという一面があります。

家康は、斎藤利三には命を助けてもらった恩がある。その斎藤利三の娘が自分の子供を産んでくれたのだから「おまえにとっては弟だが、長男ということにして跡を継がせろ」といって、秀忠夫婦に押しつけた。しかし江は、何とかして自分の本当の息子を跡継ぎにしようとして頑張ったのではないか、ということです。

確かに、一応、理屈は通ります。

それに、実は家光には、まだ不可解な点があるのです。

それは「家光」という名前です。

昔は、代々その家の跡取りが継承していく「字」というものがありました。たとえば、織田家なら「信」、足利家なら「義」です。これを「通字《つうじ》」と言います。

徳川家の通字は「家」です。三代将軍の名前にも「家」は使われています。ところが、家光の「光」はどこから来たのか実はまったくわからないのです。徳川の先祖をひっくり返しても「光」の字がつく人は一人もいません。

そこで思い出されるのが、明智光秀の「光」であるとか、字は違いますが、斎藤利三の「みつ（三）」である、ということです。まあ、さすがにここまでいくと証拠がないので小説になってしまいますが。これについては面白い話が他にもいっぱいあるのです。

たとえば、家光がずっと身につけていたお守り袋が、日光東照宮に残っているのですが、その中を開けて見たところ、中に入っていた紙に「二世将軍、二世権現、心も体も一つなり」（つまり、権現様は私の父である）と書いてあったのです。家光は秀忠の子なので、本当なら権現さま、つまり家康は祖父のはずです。徳川家の正式な家系図ではそうなっているのですが、お守り袋に書き付けが入っていたというのは、何とも意味深です。

しかも、研究した学者さんによると、家光本人の直筆で書いてあったというのです。そのためアカデミックの世界では、「父と思うほど家康を尊敬していたのだろう」ということになっているらしいのですが、皆さんはどう思われるでしょうか？

◇信長の野望――本能寺の変がもしなかったら

まあいずれにせよ、本能寺の変で信長はその野望を完結させることなく死んでしまいました。

歴史にもしもはありませんが、もしも信長があそこで死ななかったら、彼はこれからどうするつもりだったのでしょう。

信長が考えていたことを正確に知ることは難しいと思いますが、後を継いだ秀吉の行ったことから推《お》し量《はか》れば、信長がどこまで考えていたかということはおおよそ想像が付きます。

やはり、**信長が最もこだわっていたのは、正統性の創造です。**

当時において、正統性の創造は、今われわれが考えるより、はるかに重要な問題でした。

信長は、安土城で自らを信仰の対象とさせることで、天皇家と同格、あるいはそれ以上の存在であることを示そうとしていますが、やはりそれだけでは新たな正統性の創造というところまでは行き着けません。

では、信長はこの後どのようにしようと考えていたのでしょうか。

ごく簡単に言えば、私は領土を広げようとしていたと思っています。

これは、日本全土の統一で収まる話ではありません。おそらく信長は、日本を平定したら、その強大な軍事力を用いて、大陸へ手を伸ばしたと考えられます。

実際、この計画は、後に秀吉が実行に移しています。現在は朝鮮出兵と言われますが、**当時の計画では、あれは「唐《から》入《い》り」、つまり中国の征服が目的であって、朝鮮は通り道に過ぎなかったのです。**

秀吉は唐入りに失敗しましたが、それは当時の日本の軍事力が劣っていたからではありません。信長が指揮を執《と》って、上手《うま》く人材を使っていれば、日本がアジアを席巻《せっけん》していた可能性は充分あったと思っています。

朝鮮半島を取り、中国大陸を取り、領土を広げたら天皇は北京辺りに移して、自分はさらにその上をいく。これは秀吉の計画書ですが、当時の国際的貿易港でいちばん西洋社会とつながる可能性のあった寧波（ニンポウ／現在の中国浙江省）に彼は本拠を置こうとしていたことがわかっています。おそらくはこれも元は信長のアイデアだったと思われます。

信長の政権が長く続いていたら日本はどうなっていたかというのは、なかなか面白いテーマです。私は昔、ＳＦ（『洛陽城の栄光』）として書いたことがあるのですが、一つはスペインが参考になると思っています。

十五、六世紀のスペインは、世界一の大国でした。世界中に領土を持ち、貿易によって得た莫大《ばくだい》な富で、本国は繁栄の極みに達しています。しかし、その繁栄は長くは続きませんでした。事実、その頃と比べると、今のスペインは世界の強国ではありません。

なぜかつての繁栄が失われてしまったのかというと、実は最大の原因は、優秀な人材が本国スペインから流出してしまったからなのです。

現在、スペイン語を母国語とする国は世界中にたくさんあります。

北米は英語ですが、メキシコ以南の南米は、ブラジルのポルトガル語を除くと、あとはほとんどがスペイン語です。

ちょうど日本が戦国時代に突入する少し前、世界は大航海時代に突入しています。ヨーロッパから多くの人が世界各地に渡りました。特にスペイン人は、キリスト教を世界に広めるという使命感を掲げて、世界中を征服しまくりました。

Point

信長が苦しんだのは「正統性の創造」。「天下布武」の戦いは秀吉に受け継がれた！

しかし、あまりにも急激に世界に行きすぎたのです。それは、企業でたとえれば、海外に支社をいっぱいつくりすぎたために、本社のいい人材がほとんど海外支店に出払ってしまい、本社にろくな人材が残らなかった、という状態に似ています。

つまり、スペイン本土に優れた人材がいなくなってしまったのです。

もしかしたら、日本も、信長のもとで、ひたすら領土を拡大していったら、一時的にはアジアを席巻し、各地に日本語や日本の文化が残ったかも知れませんが、逆に「日本」という国は今のような発展ができなかったかも知れません。

しかし、現実には信長は本能寺で死に、信長の野望を継ごうとした秀吉は世界侵出に失敗し、日本という国は、徳川幕府のもとで、逆に日本という小さな国にすべてのエネルギーを集約する道を選びました。

信長が生きていた方が良かったのか、あのとき死んで良かったのか。どちらが日本人にとって幸いだったのかはわかりませんが、彼の生死が日本の運命を左右したことだけは事実だと思います。

そういう意味では、本能寺の変は、日本のみならず、アジアの、もしかしたら世界の歴史を変えたかも知れない歴史の分岐点だったとも言えるのです。

第七章のまとめ

- なぜ「信長の光秀いじめ話」がまことしやかに語られてきたのかというと、光秀が反乱を起こす理由がよくわからないからなのです。
- 本当に秀吉が黒幕なら、もっと確実に信忠を葬る算段をつけていなければなりません。つまり、本能寺の信長と、妙覚寺の信忠と、同時に襲撃させなければならないということです。
- 光秀を決断に追い込んだのは、四国長宗我部問題であり、家老の斎藤利三がこの問題に深く関わっていたというのが真実に最も近いのではないかと思っています。
- 信長が最もこだわっていたのは、正統性の創造です。当時において、正統性の創造は、今われわれが考えるより、はるかに重要な問題だったのです。
- 信長は本能寺で死に、秀吉は世界侵出に失敗し、日本は徳川幕府のもとで、国内にすべてのエネルギーを集約する道を選びました。このことが現代の日本の発展につながったとも言えるでしょう。

著者紹介

井沢元彦（いざわ　もとひこ）

作家。昭和29（1954）年、愛知県名古屋市生まれ。早稲田大学法学部卒業。ＴＢＳ報道局（政治部）の記者時代に、『猿丸幻視行』で第26回江戸川乱歩賞を受賞。退社後、執筆活動に専念する。「週刊ポスト」にて連載中の『逆説の日本史』は、ベスト＆ロングセラーとなっている。

主な著書に、『逆説の日本史』シリーズ（小学館）のほか、『言霊』『穢れと茶碗』（以上、祥伝社）、『戦国軍師列伝』（光文社）、『「誤解」の日本史』『学校では教えてくれない日本史の授業』『学校では教えてくれない日本史の授業　天皇論』『学校では教えてくれない日本史の授業　悪人英雄論』（以上、ＰＨＰ文庫）、『［実況ライブ！］学校では教えてくれない日本史の授業』『学校では教えてくれない戦国史の授業　秀吉・家康天下統一の謎』（以上、ＰＨＰエディターズ・グループ）などがある。

この作品は、2015年９月にＰＨＰエディターズ・グループから刊行されたものである。

ＰＨＰ文庫　学校では教えてくれない戦国史の授業

2018年２月15日　第１版第１刷

著　者　　井　沢　元　彦
発行者　　後　藤　淳　一
発行所　　株式会社ＰＨＰ研究所
東京本部　〒135-8137　江東区豊洲5-6-52
第二制作部文庫課　☎03-3520-9617(編集)
普及部　☎03-3520-9630(販売)
京都本部　〒601-8411　京都市南区西九条北ノ内町11

PHP INTERFACE　https://www.php.co.jp/

組　版　　株式会社PHPエディターズ・グループ

印刷所
製本所　　図書印刷株式会社

© Motohiko Izawa 2018 Printed in Japan ISBN978-4-569-76806-9

※本書の無断複製(コピー・スキャン・デジタル化等)は著作権法で認められた場合を除き、禁じられています。また、本書を代行業者等に依頼してスキャンやデジタル化することは、いかなる場合でも認められておりません。
※落丁・乱丁本の場合は弊社制作管理部(☎03-3520-9626)へご連絡下さい。送料弊社負担にてお取り替えいたします。

PHP文庫好評既刊

学校では教えてくれない日本史の授業

井沢元彦 著

琵琶法師が『平家物語』を語る理由や天皇家が滅びなかったワケ、徳川幕府の滅亡の原因など、教科書では学べない本当の歴史がわかる。

定価 本体七八一円（税別）